Excelで今すぐはじめる心理統計

簡単ツールHADで基本を身につける

著
小宮あすか
布井雅人

講談社

■注意

・本書に記載した URL，ソフトウェアのバージョンなどは予告なく変更されること
があります。

・HAD は「無保証」のソフトウェアです。https://norimune.net/696（HAD 開発
者による「HAD とは」のページ，URL 確認：2017 年 11 月）のご一読をお願い
いたします。

・Windows®，Excel® は，米国 Microsoft Corporation の米国およびその他の国
における登録商標です。

・本書では ®，™ マークは明記しておりません。

・本書では，Windows10　Home，Excel2016，HAD17_101 で動作確認を行って
おります。同じソフトウェアを用いていても，環境の違い，バージョンアップ時
の変更その他により，操作手順などが本書記載のものと異なる可能性があります。

・統計解析を実行した結果につきましては，著者および弊社は一切の責任を負いま
せん。

・本書で用いたデータは，https://www.kspub.co.jp/book/detail/1548121.html よ
りダウンロードできます。

はじめに

　この本は，「あまり統計には自信がないけれども，今手元にデータがあって，とりあえず何とかして分析をしなくちゃいけない」人向けに書かれた応急処置の本です。この本では，統計の理論的なところや細かいところの説明は最低限にとどめ，統計ソフトである HAD の使い方に焦点を当てた構成をとっています。HAD は Excel 上で動くマクロプログラムと呼ばれるもので，心理統計で使いやすいように設計されています。関西学院大学社会学部の社会心理学者・清水裕士先生によって開発され，無料で公開されています。心理学者によって開発された心理統計用のプログラムなので，「かゆいところに手が届く」として，心理学者の間では評判です。

　HAD にはたくさんの機能があります。ただ，たくさんの機能がありすぎて，何をどう使えばいいのか，はじめて分析しようとする初心者は迷子になることがあります。そこでこの本では，初心者がよく使う分析に絞って使い方を説明しています。すべての機能には触れません。この本の中で扱う以外にも HAD でできることはたくさんありますので，気になったら清水先生のホームページや HAD の説明書をのぞいてみてください。

　ですから，この本はすでに統計に詳しい人には向いていませんし，手元にデータがない人にも（今はまだ）あまり向いていません。もしあなたが統計について詳しいなら，この本で紹介する HAD ではなくて，まず R や SAS で分析することを考えてみてください。データのない人は，データ収集を終えてから，あるいは何かしらのサンプルデータを入手してから，この本に戻ってきてください。本はいつまでも待ってくれます。時間的な余裕のある人は，統計について詳しく書かれた別の本を読んで一から勉強しましょう。今日では，統

iii

計の理論についてわかりやすく説明してくれる，よい本がたくさん
出ています。

　さて，準備はできましたか？　手元にデータはありますか？　皆さ
んのお手持ちのデータ，一緒に分析してみましょう。

2017 年 12 月

小宮あすか・布井雅人

CONTENTS

はじめに..ⅲ

[第0章] HADの準備 1
- 0.1　HADのダウンロード方法 1
- 0.2　データの準備をする 5
- 0.3　HADの利用について 6

[第1章] ちょっと理論的な話①
心理学でなぜ統計が必要なのか 7

[第2章] ちょっと理論的な話②
尺度水準 15

[第3章] 記述統計
データの分布を知る・代表値と散布度 19
- 3.1　データの分布を知る 19
- 3.2　HADで度数分布表・ヒストグラムを出力する 19
- 3.3　代表値 26
- 3.4　散布度 29
- 3.5　HADで代表値や散布度を算出する①：量的変数の場合 34
- 3.6　HADで代表値や散布度を算出する②：順序尺度の場合 37

[第4章] ちょっと理論的な話③
推測統計と統計的検定 39
- 4.1　推測統計 39
- 4.2　統計的検定 41

| | 4.3 | どの検定を選ぶべきか | 44 |
| | 4.4 | レポート・論文で報告する必要のある心理統計用語 | 46 |

[第5章] *t*検定　49

	5.1	*t*検定とは	49
	5.2	2種類の*t*検定	51
	5.3	HADで対応のある*t*検定を行う	54
	5.4	HADで対応のない*t*検定を行う	57
	5.5	結果の報告	62

[第6章] 1要因分散分析　65

	6.1	分散分析とは	65
	6.2	主効果	66
	6.3	多重比較	67
	6.4	HADで1要因分散分析（参加者内要因）を行う	68
	6.5	HADで1要因分散分析（参加者間要因）を行う	75
	6.6	結果の報告	80

[第7章] 2要因分散分析　83

	7.1	2要因分散分析とは	83
	7.2	主効果	84
	7.3	交互作用	86
	7.4	HADで2要因分散分析を行う①：参加者間要因×参加者内要因	89
	7.5	HADで2要因分散分析を行う②：参加者内要因×参加者内要因	99
	7.6	HADで2要因分散分析を行う③：参加者間要因×参加者間要因	103
	7.7	結果の報告	106

[第8章] 相関とその検定　109

	8.1	相関関係とは	109
	8.2	相関係数	111
	8.3	相関係数に対する有意性検定	113
	8.4	相関に関する注意点	114

	8.5	HADで相関係数を算出する	117
	8.6	結果の報告	120

[第9章] 単回帰分析 ... 123

	9.1	単回帰分析とは	123
	9.2	HADで単回帰分析を行う——「散布図」の機能を使う	125
	9.3	HADで単回帰分析を行う——「回帰分析」の機能を使う	129
	9.4	結果の報告	132

[第10章] 重回帰分析 ... 133

	10.1	重回帰分析とは	133
	10.2	多重共線性の問題	136
	10.3	HADで重回帰分析を行う	137
	10.4	結果の報告	142
	10.5	交互作用項を入れる場合（階層的重回帰分析）	142
	10.6	HADで交互作用項を含んだ重回帰分析を行う	144
	10.7	交互作用項を含んだ重回帰分析の結果の報告	151
	10.8	ちょっと進んだ分析——媒介分析	153

[第11章] 因子分析 ... 161

	11.1	構成概念とその測定	161
	11.2	因子分析とは	164
	11.3	HADで因子分析を行う	165
	11.4	結果の報告	175

[第12章] カイ2乗検定 ... 181

	12.1	カイ2乗検定とは	181
	12.2	2種類のカイ2乗検定	182
	12.3	HADでカイ2乗検定を行う①：適合度の検定	184
	12.4	HADでカイ2乗検定を行う②：独立性の検定	187
	12.5	結果の報告	190

vii

終わりに　もっと分析したい人のために 191

付録：フィルタの使い方 197
ブックガイド 201

索引
一般索引 205
HADの操作に関する用語索引 208

第 0 章 HADの準備

　それでは HAD を皆さんのコンピュータにダウンロードしましょう。なお，この本で説明に用いているデータはホームページ上（https://www.kspub.co.jp/book/detail/1548121.html）からすべてダウンロードできます。なお，この本で扱っているデータはすべてコンピュータ上で作った架空のデータです。実際の分析のシーンでよく目にするものに似せて作っています。

0.1　HADのダウンロード方法

　HAD はマイクロソフト社の表計算ソフトである Excel 上で動くプログラムです。Excel のインストールされていないコンピュータでは動きません。清水先生は Windows マシンでの利用を推奨しています。この本では，Excel2016 での動作を紹介しています。

Step1 ● 清水先生のホームページ（https://norimune.net/）にアクセスし，「統計ソフト HAD」をクリックします。

Step2 ●「HAD のダウンロード」をクリックします。

Step3 ●「HAD17」をクリックし、フォルダを開きます。

Step4 ● ファイル名(HAD ○○)の左側にチェックを入れ、上部の「ダウンロード」をクリックします(○○はバージョン名)。Excel ファイルがダウンロードされますので、それを開きます。

ファイル名をクリックしただけではファイルは開きませんので注意してください。

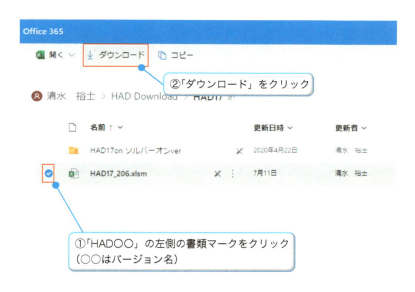

Step5 ● Excel のファイル名を確認してください。

ファイル名の「HAD」に続く数字が大きい Excel ファイルが最新バージョンです。最新バージョンでは,バグ(間違い)がある可能性がありますが最新の機能が使えます。数字が小さい Excel ファイルは1つ前のバージョンです。バグのある可能性は比較的低く,安定して使えます。

0.2 データの準備をする

HADをダブルクリックして開きます。セキュリティの関係で「編集を有効にする」かどうかと「コンテンツの有効化」について警告が出る場合があります。いずれもクリックして承諾します。

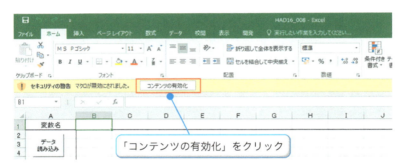

使用しているExcelのバージョンによっては，編集の有効化後に「セキュリティリスク」という警告が出る場合があります。これは，ネット上からダウンロードしたマクロ有効ファイルを最初に開く際に出てくるものです。

この警告が出た場合は，1度ファイルを閉じます。そして，ファイル名を右クリックし，ファイルのプロパティを開き，セキュリティの「許可する」にチェックを入れます。再度ファイルを開きなおし「コンテンツの有効化」について警告が出た場合は，クリックして承諾します。

　開いてみると，データシートが選択されています。ここに，Excelのデータを貼り付けるか，または直接入力します。

　通常，1人の参加者から得られたデータはすべて同じ行に入力します。一番左側には，識別用の参加者の番号（ID）を入力します。

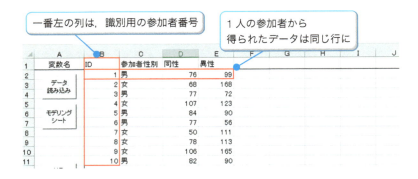

Tips HADの読み方

HADの読み方は特に決まっていません。清水先生曰く，「えいちえーでぃー」でも「はど」でも，どちらの読み方でもよいそうです。

0.3 HADの利用について

HADで分析した結果を公に報告する際には，以下の文献を引用文献として挙げてください。

清水 裕士 (2016). フリーの統計分析ソフト HAD：機能の紹介と統計学習・教育，研究実践における利用方法の提案 メディア・情報・コミュニケーション研究, *1*, 59–73.

その他，細かい利用方法のガイドラインは清水先生のホームページ（https://norimune.net/3036）を確認してください。

ちょっと理論的な話①
心理学でなぜ統計が必要なのか

　そもそも心理学でなぜ統計が必要なのでしょうか。その疑問に答えるためにはまず，心理学がどのような方法を使って研究を進めているのかを考える必要があります。

　今日の心理学では，「観測されたデータを根拠に理論や仮説の確からしさを主張する」方法が主流となっています。文字にすると何だか難しそうに見えますが，理科の実験を思い出すとわかりやすいかと思います。例えば，水酸化ナトリウム水溶液と塩酸を混ぜると塩と水ができるという中和の実験があります。皆さんもやったことがあるのではないでしょうか。このような実験を行い，仮説通りの結果が出る，つまり塩が観測されることで，化学の理論がどうやら正しそうだということが判断できます。

　心理学も，研究対象を化学物質から心にしただけで同じことです。例えば，心理学には，自由を制限されると自由を取り戻したくなる，という理論（心理的リアクタンスと呼びます）があります。この理論からは，例えば個数限定や季節限定といったように入手に制限のある商品は，その自由を取り戻すべく購入意欲を高めそうだ，という予測（仮説）が導かれます。そこで，限定ラベルをつけると商品に対して購入意欲が高まるかどうか実験を行い，仮説と理論の正しさについて検討します。

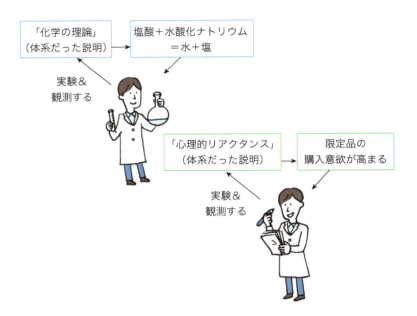

　もっと具体的に見てみましょう。心理学の研究は，通常，以下の3つのステップを踏みます。

Step1 ● データの収集

　最初に，仮説や理論に関連するデータを収集します。データを収集するための方法はいろいろありますが，観察や面接，調査，実験などが主なものです。場合によっては，自分でデータを収集する段階を飛ばして，すでに公開されているデータを利用することもあります。

Step2 ● 記述統計

　次に，得られたデータが持つ特徴を理解しやすいようにまとめます。平均値や標準偏差，度数分布などがよく使われます。皆さんがよくテレビで目にする棒グラフや円グラフなども，データの記述の仕方の一種です。詳しくは第3章で説明します。

Step3 ● 推測統計（統計的検定）

　最後に，今回得られた結果が偶然によるものではない，意味のある結果と言えそうかどうかを検討します。この検討によって，言いたいことが本当に主張できるかどうかを確かめます。詳しくは第4章で説明します。

　例えば，こんな状況を考えてみましょう。大学生の太郎さんは，大学の講義室で座っている学生を見て，女性同士や男性同士は近い位置に座っているのに，女性と男性の組み合わせだとその間の距離が遠くなりそうなことに気づきました。このような観察から，太郎さんは「大学生では異性間のほうが同性間よりもパーソナルスペースが広い」という仮説を立てました。この仮説が正しいことを主張するためにはどうすればよいかを考えてみましょう。

　先に述べた通り，心理学では多くの場合，データを根拠に仮説の正しさを主張するという手続きをとります。太郎さんの仮説は異性間のほうが同性間よりもパーソナルスペースが広いというものですが，その一方で，太郎さんの友達はパーソナルスペースにそんなに相手の性別による違いはなさそう，という印象を受けました。太郎さんはそのまま自分の仮説を主張することもできますが，このままではおそらく友達は納得してくれないでしょう。また，このパーソナルスペース論争を見ている別の友達も，どちらが正しいか判断することができません。そこで誰もが納得できるように，証拠としてデータを示すことで，科学として重要な客観性を担保するのです。このようにデータを収集するということが，第1段階です。

　太郎さんはこの仮説を確かめるために早速実験を行うことにしました。この実験ではまず，実験参加者に壁を背にして立っていてもらいました。この参加者に対して，実験者が正面からだんだん近づいていき，参加者が「居心地が悪い」と思った時点で知らせてもらいます。こ

第1章　ちょっと理論的な話①　心理学でなぜ統計が必要なのか　9

のときの実験者と実験参加者の距離をパーソナルスペースとします。1人の参加者につき，実験者が男性であるときと女性であるときの2パターンのパーソナルスペースを計測しました。太郎さんの仮説が正しければ，実験参加者と実験者の組み合わせが男性と女性の異性ペアのときのほうが，その組み合わせが女性同士・男性同士の同性ペアのときよりもパーソナルスペースが広いと考えられます。

さて，この実験で得られたデータが表 1-1 に示されています。ご覧の通り，実験者が異性だった場合のほうが同性だった場合よりも全体的にパーソナルスペースが広そうな人が多そうです。けれども，中には反対のパターンを示している人もいます。この実験結果は，仮説を支持していると言えるのでしょうか。

表1−1　実験結果（単位はcm）

参加者番号	参加者の性別	同性	異性
1	男	76	99
2	女	68	168
3	男	77	72
4	女	107	123
5	男	84	90
6	男	77	56
7	女	50	111
8	女	78	113
9	女	106	165
10	男	82	90

　社会科学の仮説や理論は確率的なものです。太郎さんの仮説も「すべての大学生のパーソナルスペースが異性間のほうが同性間よりも広い」ことを意味しているのではなく，あくまで「確率的に見て，大学生のパーソナルスペースは異性間のほうが同性間よりも広い傾向にある」ということを主張するものです。表1−1に示したように，実際のデータにはいろいろな偶然の影響があって，ばらつきがあります。今回は表1−1を眺めれば全体の傾向を捉えることができますが，データの数がもっと多かったり複雑だったりした場合には，生のままのデータを眺めるだけでは判断できません。そこで，全体の傾向を把握するために，記述統計を使ってデータをまとめるということが重要になってきます。これが第2段階です。

　データのまとめ方はいろいろありますが，例えば，ここでは条件ごとの平均値と標準偏差という指標を算出してみましょう（表1−2）。なお，平均値と標準偏差については，第3章で詳しく説明します。

第1章　ちょっと理論的な話① 心理学でなぜ統計が必要なのか　11

表1-2　条件ごとのパーソナルスペースの平均値と標準偏差

	同性	異性
平均値	80.50	108.70
標準偏差	15.83	34.40

　平均値を見ると，個人の値が「どの値を中心として，その付近に散らばっているか」がわかります。今回の実験では，同性ペアで80.50 cm，異性ペアで108.70 cm でした。この実験で居心地が悪いと判断された距離は，多かれ少なかれ，この値周辺であった，ということです。また，標準偏差は，「各個人の値が平均値からどの程度散らばっているのか」を示す指標です。同性ペアでは15.83 cm で，異性ペアでは34.40 cm でした。これは，異性ペアの場合のほうが同性ペアよりも広範囲にデータが散らばっていることを意味しています。

　このように統計のシキタリに則ってデータを要約することは，客観性を担保するという意味でも重要です。太郎さんがデータを見て「全体的にばっちり差がある感じだった」と主張することもできますが，それでは太郎さんの主観的な判断が入ったまま伝わってしまいます。数値を示しながら伝えることで，より正確にほかの人と情報を共有し，判断することができるのです。

　それでは，この実験結果から，太郎さんは「大学生では異性間のほうが同性間よりパーソナルスペースが広い」ことを主張できるでしょうか。確かに平均値を見ると，30 cm ほど，異性間のほうが同性間よりも居心地が悪いと判断される距離が広いという結果になっています。この30 cm は，30 cm も差があるので仮説が支持された，と捉えてよいのでしょうか。あるいは，30 cm しか違わなかったので仮説は支持されなかったと考えたほうがよいのでしょうか。

　仮説が支持されているかどうかを判断するとき，科学では問題となっているデータがある基準を満たしているか否かで判断します。つまり，

「この基準を満たしていれば，理論や仮説が支持されたと判断してよい」という合意が研究者の中にはあって，それに基づいて結論を判断するのです。この合意があることによって，客観的な判断ができるようになっています。現状，心理学でよく使われているのは，統計的検定という枠組みです。統計的検定では，得られた結果が偶然によるものである可能性を計算し，偶然ではあまり起こらなさそうだ（だから，これは意味のある結果だ）と判断できるかどうかを問題とします。このような統計的検定の枠組みの背景には，推測統計と呼ばれる統計法があります。推測統計の詳細は，第4章以降で説明します。

　以上が，心理学における統計の使い方についての説明です。心理学では，2つの異なる形で統計法を用います。1つ目は，複数の人から得られたデータをわかりやすくまとめ，全体の傾向を把握するために用いるというものです。この統計の使い方は，記述統計と呼ばれます。もう1つは，得られたデータから偶然の影響を考えた上で，仮説の確からしさを判断するというものです。これは推測統計と呼ばれます。

　さて，それでは最初の疑問に戻りましょう。心理学でなぜ統計が必要なのでしょうか。今見てきたように，心理学で統計が必要なのは，**主観性を排除し，客観的な判断をするため**です。心理学はデータを根拠として，仮説や理論の正しさを判断します。しかしデータの解釈が研究者の主観に偏ったものであった場合，その主張は著しく説得力に欠けてしまいます。記述統計も推測統計も，誰もが納得できるような形で，つまり客観性を担保した状態でデータを示すために用いられる，科学として重要な手続きなのです。

第0章

第1章

第2章

第3章

第4章

第5章

第6章

第7章

第8章

第9章

第10章

第11章

第12章

第 2 章

ちょっと理論的な話②
尺度水準

この章の目標は，記述統計の基礎知識を理解することです。もう少し理論的な話が続きますが，重要なことなので，ちょっとだけ辛抱してください。

この章でも，パーソナルスペースに興味を持った太郎さんの話から考えてみましょう。まず，太郎さんの持っているデータをもう一度眺めてみましょう。1列目には参加者の番号，2列目には参加者の性別，3列目には相手の性別が同性のときのパーソナルスペース，4列目には相手の性別が異性のときのパーソナルスペースが入力されています。

なお，このようなデータの「参加者番号」「参加者性別」「同性」「異性」に当たるものを，「（参加者ごとに）数値が変わりうる数」として，変数と呼びます。この呼び方は，決まった数値をとる一定の数という意味での定数と対をなすものです。

	A	B	C	D	E
1	変数名	参加者番号	参加者性別	同性	異性
2		1	男	76	99
3	データ 読み込み	2	女	68	168
4		3	男	77	72
5		4	女	107	123
6	モデリング シート	5	男	84	90
7		6	男	77	56
8		7	女	50	111
9		8	女	78	113
10		9	女	106	165
11		10	男	82	90
12	列幅の				

第2章　ちょっと理論的な話②　尺度水準　15

心理統計では変数をその性質によって4種類に分けます。この4種類のことを尺度水準と呼びます。具体的には，以下の通りです。

（1）名義尺度

　同じカテゴリのものには同じ名前をつけることで互いを区別する尺度水準です。間隔の概念も大小優劣の概念もありません。例えば，性別や職業，何がしかの経験の有無などは名義尺度です。

（2）順序尺度

　大小関係として順序関係を示す尺度水準です。データの順番のみが意味をなします。例えば，順位は順序尺度です。1位と2位の間の差がどれだけあるかは，順位には関係しないからです。優・良・可・不可で分類される成績も順序尺度と判断されます。

（3）間隔尺度

　数値間の等間隔性が保証されて，かつ絶対的な原点（0）が存在しない尺度水準です。ここでいう絶対的な原点とは，その特性がない状態のことを指します。温度（0℃でも寒さが存在する）や西暦（年がないという状態はない）などが挙げられます。間隔尺度の数値は，相対的な位置を表します。

（4）比率尺度

　数値間の等間隔性が保証され，かつ絶対的な原点（0）が存在する尺度水準です。長さや質量，反応時間などが当てはまります。

　また，対象間の質的な違いを問題にする名義尺度と順序尺度を質的変数，量的な違いを問題にする間隔尺度と比率尺度を量的変数と呼び，区別することもあります。今後，この区別が重要になってきますので，

覚えておいてください。

　それでは太郎さんのデータに戻ってみましょう。参加者性別という変数は優劣や大小のないカテゴリですので，名義尺度に分類されます。パーソナルスペースは距離で測定され，絶対的な原点（0 cm）が存在するので，比率尺度になります。

　さて，今度は皆さんのお手持ちのデータを確認してみてください。実験を行った人は，統制条件と実験条件を設定しているかと思います。多くの場合，このような実験操作は特に優劣や順序のないものですので，名義尺度となります。反応時間や正答率は比率尺度です。質問紙調査を行った人は，年収や年齢などを聞いているかもしれません。これらは比率尺度に分類されます。

　最後に，心理尺度の扱いについてです。調査を行った人も実験を行った人も，「『1：当てはまらない〜 5：当てはまる』のどれかに丸をつけてください」といった心理尺度を使っている人が多いのではないかと思います。多くの場合，心理尺度は数値間の等間隔性を前提として開発されています。このため，間隔尺度として扱われることがほとんどです。

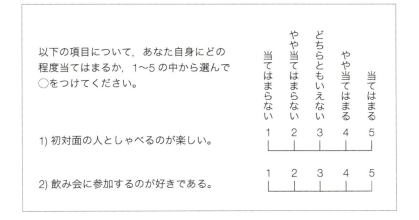

第2章　ちょっと理論的な話②　尺度水準　17

第
0
章

第
1
章

第
2
章

第
3
章

第
4
章

第
5
章

第
6
章

第
7
章

第
8
章

第
9
章

第
10
章

第
11
章

第
12
章

記述統計
データの分布を知る・代表値と散布度

POINT データの分布を確かめます。図表を作ること，代表値・散布度を算出する方法を学びます。

3.1 データの分布を知る

　この章の目標はHADを使ってデータを要約することです。記述統計についてもHADには便利な機能が用意されています。なお，HADはExcel上で動いているプログラムですので，データシート上でExcelの関数を使ってグラフを作ったり，統計量を算出したりすることも可能です。そうしたデータの操作性のよさもHADの魅力の1つです。

　データを手にしたらまずやるべきことは，データの分布，つまりどのような値がどのくらい含まれているのかを知ることです。太郎さんのデータのようにデータ数が少なければそのままでもおおまかな傾向はわかりますが，もっと多い場合には値を眺めていてもわかりません。そこでまずはデータを図表にすることを考えてみましょう。

3.2 HADで度数分布表・ヒストグラムを出力する

　データの分布を知るためには，<u>度数分布表</u>や<u>ヒストグラム</u>を使うのが便利です。太郎さんのデータはデータ数が少なすぎるので，ここではちょっと違うデータを使いましょう。このデータは，ある大学で行われた授業で期末テストが実施された際の，各学生のテスト得点と所

属学部を示したものです。全部で 21 人のデータです。自分の学部名を書き忘れた人が 1 人，テストを受けなかった人が 1 人，それぞれ欠損値になっています。なお，HAD では欠損値にピリオド（.）を使用します。ピリオドを使用するのは初期設定であり，「HAD の設定」で変えることができます。

「データ読み込み」をクリック

	A	B	C	D	E
1	変数名	参加者番号	学部	テスト得点	
2		1	理学部	30	
3	データ読み込み	2	理学部	60	
4		3	理学部	20	
5		4	工学部	10	
6	モデリングシート	5	工学部	50	
7		6	工学部	20	
8		7	工学部	60	
9		8	工学部	.	
10		9	工学部	40	
11		10	工学部	70	
12	列幅の調整	11	工学部	50	
13		12	工学部	80	
14		13	教育学部	60	
15	数値計算	14	教育学部	30	
16		15	教育学部	30	
17		16	総合科学部	40	
18		17	総合科学部	90	
19		18	総合科学部	50	
20		19	総合科学部	80	
21		20	総合科学部	40	
22	HAD2R	21	.	100	
23					

欠損値

欠損値

データの準備

それでは早速 HAD を使って，度数分布表とヒストグラムを作成してみましょう。まずは HAD にデータを読み込みましょう。データシー

トにデータが入力されている状態で，左上にある「データ読み込み」をクリックします。シートが「モデリング」に切り替わります。

「使用変数」欄にデータシートの最も左の変数（B列の変数）が表示されていること（この場合だと参加者番号）を確認してください。HADはここに表示されている変数をもとに参加者を識別し，分析結果を出力しています。**必ず参加者識別用の番号をデータシートの一番左に入力し，モデリングシートの「使用変数」欄の最も左に表示されるようにしましょう。**また，「変数情報」欄にデータのすべての変数が読み込まれているかを確認してください。

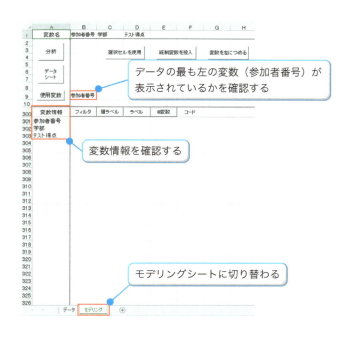

うまく読み込まれていない場合は，データシートに戻り，一番左の列（B列）に変数が入力されているかどうかを確認してください。また，もし誤って「参加者番号」を消してしまった場合には，データシートに戻り，もう一度データを読み込みましょう。

分析方法

Step1 ● 「使用変数」をクリックし，度数分布表とヒストグラムを出力したい変数を選択します。

　ここでは「学部」と「テスト得点」を選択し，「追加→」をクリックします。使用変数に移されたことを確認したら，「OK」をクリックします。

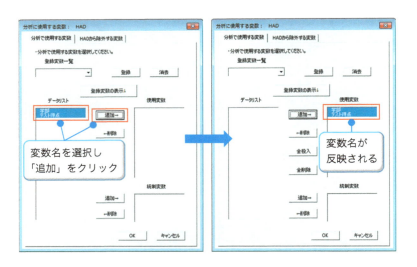

Step2 ● 左上にある「分析」をクリックします。

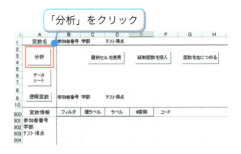

Step3 ● 出てきたダイアログボックスの「度数分布表」にチェックを入れ，「OK」をクリックします。

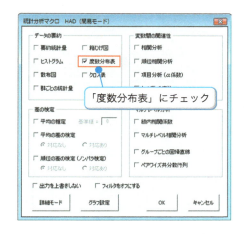

結果の表示

「Freq」シートに結果が表示されます。左に度数分布表が，右にヒストグラムが表示されているのがわかります。下にスクロールすると，ほかの変数の度数分布表とヒストグラムがあります。

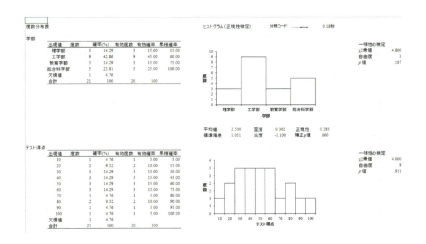

（1）度数分布表

　各値がどれだけそのデータに含まれるかを示す表です。

度数分布表

学部

出現値	度数	確率(%)	有効度数	有効確率	累積確率
理学部	3	14.29	3	15.00	15.00
工学部	9	42.86	9	45.00	60.00
教育学部	3	14.29	3	15.00	75.00
総合科学部	5	23.81	5	25.00	100.00
欠損値	1	4.76			
合計	21	100	20	100	

出現値：階級とも言います。度数を求める値や範囲です。

度数：特定の範囲に含まれる値の個数です。

度数の合計：全度数です。

確率：相対度数とも言います。全度数に占める各階級の度数の割合です。全度数の異なるデータ間の比較を可能にします。

有効度数：欠損値を除いたときの度数です。

有効確率：欠損値を除いたときの確率です。欠損値がない場合には，上記の確率と値が一致します。

累積確率：累積相対度数とも言います。当該階級までの確率（相対度数）の合計です。

（2）ヒストグラム

　度数分布表をグラフにしたものです。分布の様相を直感的に把握することができます。縦軸が度数，横軸が出現値（階級）です。

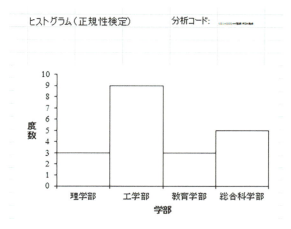

今回は学部という質的変数の例を用いて説明しましたが，度数分布表とヒストグラムは量的変数にも使えます。量的変数の場合には，各階級がどの値からどの値までなのかを注意する必要があります。

データの分布を見て確認しておきたいこと

まずは理論的にありえない値が出ていないかどうかを確認しましょう。ありえない値が出ている場合は，データの打ち間違いの可能性があります。

また，第4章以降で説明する推測統計では，量的変数を対象にした分析について，正規分布（左右対称・釣鐘型）を前提としていることが多くあります。ヒストグラムを見て，データが①1つの山になっているか，②大きい値，あるいは小さい値にデータが偏っていないかを確認します。ヒストグラムの下に出力されている「歪度」は，左右対称であるかどうかの指標（絶対値が大きいほど左右対称ではないことを表します），「尖度」はデータがある値に集中し，かつ裾が長い度合いを示す指標（値が大きいほど，ある値にデータが集中し，長い裾を持つ分布であることを示しています）です。どちらも分布の特徴を表

す指標になります。正規分布である場合には，歪度は 0，尖度は 3 になります。

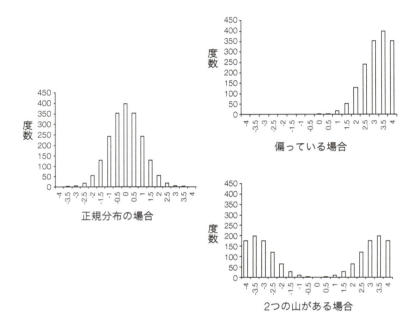

正規分布の場合

偏っている場合

2つの山がある場合

Tips 山が2つある場合はどうすれば?

量的変数であっても 2 つ以上の山が認められる場合には，質的な違いに着目したほうが適切なこともあります。その場合，分析上は，質的変数として扱います。

3.3 代表値

度数分布表とヒストグラムを作成して，データの様相がわかりまし

た。名義尺度についてはここまでの報告でも十分ですが，順序尺度と量的変数については，通常，データの特徴を数値で要約することが求められます。図表の見た目に引っ張られない客観的な判断を下すことができるからです。値や分布の形が変ではないことを確認したら，数値での要約の作業に移りましょう。

　数値での要約で用いられる値は，尺度水準によって異なります。重要なことなので，ここでは節を分けて先に代表値と散布度の説明をしてから，それぞれの値を HAD で算出する方法を説明します。なお，これらの値は簡単に Excel の関数を用いて算出することも可能です。

　まず，代表値について考えてみましょう。代表値とはその名の通り，データ中の最も一般的・典型的な値を表す統計量です。以下の３つが主なものです。

（1）平均値（算術平均；M）

　平均値とは，変数に含まれる値の合計を総度数（＝データ数）で割った値です。細かい話は省きますが，統計学的に優秀な性質を持っていて，何かと扱いやすい数値です。すべての情報をフルに活用できますが，外れ値（後述します）の影響を受けやすいという欠点があります。

（2）中央値（M_e）

　中央値とは，変数を大きさの順に並べたときに真ん中に位置する値です。データが奇数個（$2N+1$）の場合には真ん中（$N+1$ 番目）の値になります。偶数個（$2N$）の場合には N 番目の値と $N+1$ 番目の値の平均になります。平均値と比較するとデータの持つ情報をフルに活用できませんが，外れ値の影響を受けにくいという特性があります。

（3）**最頻値**（M_o）

最頻値とは，最も多く出現する値です。すべての尺度水準において使えます。

尺度水準ごとに，用いることのできる代表値は異なります。一番制約が厳しいのは平均値で，平均値を用いることができるのは，量的変数，つまり間隔尺度と比率尺度のみです。名義尺度や順序尺度では，意味をなしません。例えば，男性と女性が5名ずついて，それぞれ1と2という数値を割り振った場合を考えてみます。無理やり平均をとれば値は1.5になりますが，解釈は難しそうです。また，徒競走の順位を考えてみましょう。同じクラスの3人が出場し，1位，5位，6位をとったとします。無理やり平均をとると「4」になりますが，この「4」はこの徒競走の「4位」とは等価ではありません。例えばゴールタイムを考えてみると，3人のタイムの平均値と4位の人のタイムとは異なるでしょう。このように，平均値は数値間の等間隔性が保証されていないと使えないのです。

中央値は順序さえあれば等間隔性がなくても定義が可能なので，量的変数に加えて順序尺度でも使うことができます。最頻値は順序すら必要ないので，名義尺度でも使えます。

さて，先ほど外れ値という耳慣れない言葉が出てきました。例えば，

➡同じ順位であっても間隔が違うと平均は意味を持たない

月収を考えてみましょう。ある5人の月収がそれぞれ［15万円，20万円，20万円，25万円，25万円］であるとき，平均値は21万円となります。確かに5人の月収はだいたいその辺りですから，代表値として平均値が使えそうです。一方で，5人の月収が［15万円，20万円，20万円，25万円，100万円］だった場合はどうなるでしょうか。この場合，月収の平均値は36万円になります。しかしこの集団で36万円以上もらっている人は1人だけで，平均値はこの集団の月収をうまく表しているとは言えそうもありません。このように，データの中に，ときどき極端に大きい（小さい）値が含まれていることがあります。この値を外れ値と呼びます。平均値は外れ値の影響を受けやすいので，間隔尺度や比率尺度であっても，中央値を代表値として報告したほうがよいこともあります。

3.4　散布度

散布度は，データが散らばっている程度を示す指標です。名義尺度では使われませんが，その他の尺度水準では代表値とともに報告されることの多い指標になります。同じ代表値であっても，散布度が異なればデータの様相が異なるものになるからです。例えば，入学試験を考えてみましょう。例年，H大学では100点満点のうち70点をとれば合格します。太郎さんのここ最近の模擬試験の成績は［80点，70点，60点，80点，80点］です。一方，同じ試験での次郎さんの成績は［100点，40点，80点，100点，50点］でした。太郎さんと次郎さんのどちらがH大学に受かりそうか考えてみましょう。2人とも直近5回の試験の平均値は同じ74点ですし，中央値も80点です。けれども，次郎さんのほうが太郎さんよりも点数が広い範囲にばらついています。太郎さんは安定的に70点をとっているのでH大学への合格する可能性は高そうですが，次郎さんのH大学への合格はちょっとし

第3章　記述統計　データの分布を知る・代表値と散布度　29

た賭けになりそうだ，ということがわかるかと思います。このように，散布度はデータを理解するために必要な，重要な指標なのです。

　代表値と同様に，変数によって意味のある（報告すべき）散布度も異なります。主な散布度は以下の通りです。算出方法も一応解説はしていますが，イメージができさえすれば，読み飛ばしても構いません。

（1）**分散と標準偏差**

　平均値が代表値となるような変数では，分散や標準偏差を使います。どちらも各値と平均値がどのくらい離れているかを示す指標で，値が小さくなればなるほど平均値の近くにデータが集中していることを意味します。

分散・標準偏差の求め方（[10,20,40,50] の 4 個の場合）
Step 1 ● 各値から平均値を引いて偏差を求めます。

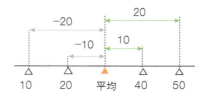

Step 2 ● 偏差を 2 乗します。

　そのまま合計するとプラスとマイナスで打ち消し合ってしまうので，2 乗します。

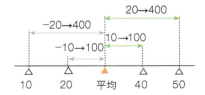

Step 3 ●　すべての偏差の2乗を足し，総度数で割ったもの（＝偏差の2乗の平均）を算出します（＝分散）。

$$(400 + 100 + 100 + 400) \div 4 = 250 \cdots 分散$$

Step 4 ●　分散の平方根をとると，標準偏差になります。

$$\sqrt{250} = 15.81\ldots \cdots 標準偏差$$

　分散は，各値と平均値の差を2乗しているため，平均値と単位が異なります。このため，平方根をとることで平均値と比較できるようにしたのが標準偏差です。もし平均値の単位が cm であれば，標準偏差の単位も cm になります。

> **Tips　2種類の分散**
>
> 　HADで出力される分散・標準偏差は上記の式によって算出されるものではなく，上記の Step 3 において総データ数から 1 を引いた数値で割ったものになります（**不偏分散**）。この数値は，第 4 章以降で解説する推測統計に使用されるものです。

（2）四分位偏差

　中央値が代表値となるような変数では，四分位偏差を使います。四分位偏差も，どの程度データが中央値付近に集まっているかを示す指

標です。小さければ小さいほど中央値付近に値が集まっていることを示します。なお，四分位偏差には様々な算出方法があります。ここで説明するのは，一般的な出し方のうちの1つです。

四分位偏差の求め方

Step1 ● **データを大きさ順に並べ，中央値を求めます。**

データが偶数（2N）個の場合には，中央値を N + 0.5 番目の値とみなします。

Step2 ● **中央値でデータを半分に分けます。**

下半分のデータの中央値を Q_1，上半分のデータの中央値を Q_3 とします。データの真ん中がない場合には，中央値を連続的な目盛りを持つものとして捉え，比例配分した値を足します（下図参照）。

Step3 ● **Q_3 から Q_1 を引いて2で割ります（＝四分位偏差）。**

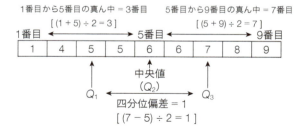

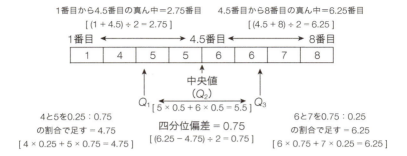

ここまでをまとめると，以下の表のようになります。尺度水準によって，使える代表値と散布度が異なることに注意しましょう。

表3-1 代表値と散布度のまとめ

	代表値			散布度	
	平均値	中央値	最頻値	分散 標準偏差	四分位偏差
名義尺度	×	×	○	×	×
順序尺度	×	○	○	×	○
間隔尺度	○	○	○	○	○
比率尺度	○	○	○	○	○

3.5 HADで代表値や散布度を算出する①：量的変数の場合

　それでは，HAD を使って代表値や散布度を算出してみましょう。まずは太郎さんのデータを使い，パーソナルスペースについての代表値（平均値，中央値）と散布度（分散，標準偏差）を出力してみます。

データの準備

　参加者１人のデータが１行に並ぶようにデータシートに入力します。このデータでは，近づいてくる相手が同性である条件と異性である条件の２つの条件に同じ参加者が参加しているので，パーソナルスペースのデータが２列にわたって入力されています。

	A	B	C	D	E
1	変数名	参加者番号	参加者性別	同性	異性
2		1	男	76	99
3	データ読み込み	2	女	68	168
4		3	男	77	72
5		4	女	107	123
6	モデリングシート	5	男	84	90
7		6	男	77	56
8		7	女	50	111
9		8	女	78	113
10		9	女	106	165
11		10	男	82	90

　データが準備できたら，「データ読み込み」をクリックしてモデリングシートに移ります。

分析方法

Step1 ●「使用変数」をクリックし，代表値と散布度を出力したい変数を選択します。

　ここでは「同性」と「異性」を選択して「追加→」をクリックし，「OK」をクリックします。

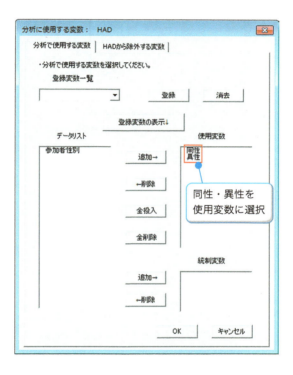

Step2 ● 左上にある「分析」をクリックします。「データの要約」内にある,「要約統計量」にチェックを入れ,「OK」をクリックします。

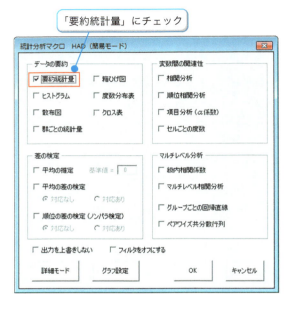

結果の表示

「Summary」シートに切り替わり, 結果が表示されます。今説明した, 平均値, 中央値, 標準偏差, 分散が表示されます。

3.6 HADで代表値や散布度を算出する②：順序尺度の場合

順序尺度である変数やデータの偏りなどが見られる場合には，代表値として中央値，散布度として四分位偏差を用いるのが妥当です。3.5節と同様に太郎さんのデータを使って，中央値と四分位偏差を出力してみましょう。

分析方法

Step1 ●「使用変数」をクリックし，四分位偏差を出力したい変数を選択します。

ここでは，「同性」を選択します。「OK」をクリックします。

Step2 ● 左上の「分析」をクリックして，「箱ひげ図」にチェックを入れます。「OK」をクリックします。

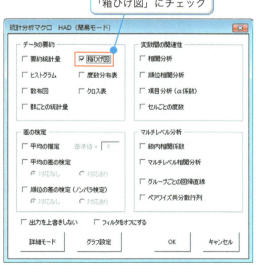

結果の表示

「Boxplot」シートが開かれます。「四分領域」の下に書いてある数字が四分位偏差です。

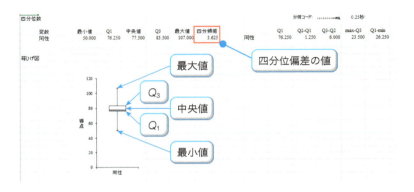

なお，一緒に描かれるグラフを箱ひげ図と呼びます。ひげの上が最大値，下が最小値，横線が中央値を表しています。箱の上部は Q_3，つまりデータ全体の大きいほうから 4 分の 1 に位置する値を，箱の下部は Q_1，つまりデータ全体の小さいほうから 4 分の 1 に位置する値を示しています。

ちょっと理論的な話③
推測統計と統計的検定

ここまで統計の基礎と記述統計について説明してきました。この章から推測統計に移ります。この章では、推測統計と統計的検定の考え方について、ざっくりと説明します。皆さんにとってはあまり馴染みのない考え方かもしれませんが、統計を使う必要がある以上、大筋は理解しておいてほしいと思います。

ここで少し注意してほしいことがあります。この本は統計の理論的な理解をメインのテーマとした本ではありませんので、前述の通り、「ざっくりと」説明します。情報の少なさは理解を助ける反面、不正確さも増します。皆さんの持っているデータの応急処置が済んで、時間ができたら、必ず統計に詳しいほかの本を読んでください。巻末のブックガイドも参考になると思います。

4.1 推測統計

さて、まずは太郎さんの実験を考えてみましょう。太郎さんの主張は「大学生では異性間のほうが同性間よりパーソナルスペースが広い」というものでした。この実験ではパーソナルスペースは距離、つまり比率尺度なので、代表値としては平均値が考えられます。そこで太郎さんは同性ペアのときと異性ペアのときとで平均値を比較してみました。太郎さんの仮説通り、パーソナルスペースは異性ペアのほうが同性ペアよりも 30 cm ほど広そうです。

さあ、ここからが本題です。太郎さんは、自分の仮説が支持された

と結論づけてよいのでしょうか。この問いに答えるために，まず太郎さんの主張にもう一度戻ってみましょう。太郎さんの主張は「大学生では異性間のほうが同性間よりパーソナルスペースが広い」というものでした。本来，この主張の正しさを判断するためには，大学生全員を対象にこの実験を行い，同性間と異性間の居心地が悪いと判断される距離を比較して，その平均値を比べるという手続きが必要です。しかし太郎さんがとてつもなく大富豪だったり暇だったりしない限り，こうした手続きを行うことは不可能です。そこで代替案として太郎さんが行ったのが，ほんの一部の大学生相手に実験を行い，得られたデータから「もし同じ実験を大学生全体に対して行ったらどのような結果が出るか」を推測する，ということになります。実験をする，という背後には，こんな論理が隠れています。

　太郎さんに限らず，多くの心理学の仮説や理論では，その仮説や理論の対象となっている集団全体に対して調査や実験を行うことができません。このため，対象となっている集団全体からほんの一部の人たちを抜き出し，その人たちのデータの特徴を統計的に処理することで，その人たちの背後にある集団全体のデータの特徴がどのようなものかを推測しようとします。この手続きを推測統計と呼びます。

　なお，対象となっている集団全体（正確には，その集団全体のデータ）のことを**母集団**，抜き出された集団（のデータ）のことを**標本**，あるいは**サンプル**と言います。

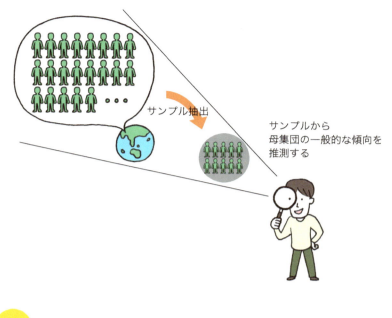

> Tips
全数調査

対象者全員に調査を行うことを全数調査と呼びます。このときには推測統計は必要ありません。しかし心理学では，過去や未来も含めた人間一般の普遍的な法則を求めようとすることが多く，全数調査ができることは極めて稀です。このため，推測統計を使うことが一般的です。

4.2 統計的検定

推測統計には，統計的推測と統計的検定の2つの枠組みが存在します。統計的推測は，問題にしている変数の母集団での特徴（例えば，平均値や分散）を，今あるデータから確率論的に推測しようとするものです。例えば，街頭調査などで得られた限られたサンプルのデータをもとに，国民全体の政党支持率を推測しようとする場合などが挙げら

れます。

　現在の心理学では，統計的検定と呼ばれる枠組みがよく使われています。統計的検定では，問題にしている変数について，ある条件間で母集団の値に「差」があるかどうかを問題にします。つまり，集団全体でどのような代表値が得られるか，というだけではなく，その代表値間に差があるか否かを推定し，白黒つけようとするものです。今回の例でいえば，「大学生の同性間と異性間のパーソナルスペースがそれぞれ平均してどれくらいか」という絶対的な値をもとにした判断ではなく，「その平均値の間に差があるか否か」という相対的な判断をしようとするのが統計的検定の枠組みということになります。

　統計的検定では，背理法という，ちょっとアマノジャクな方法を用います。背理法とは，「仮説Aが正しいとすれば矛盾が生じる。だから仮説Aは間違っていて，これと相反する仮説A′が合っているんだ」という論理的な分析のやり方です。数学の証明問題の中で見たことのある人もいるかもしれません。また，推理小説やサスペンスドラマの中でよく見るアリバイの証明も背理法のロジックを使っています（「Aさんが犯人だとすれば，犯行時間に犯行現場以外で目撃されているはずがない。だからAさんは犯人ではない」）。心理学でも同様に，「この仮説Aが正しいとすれば，今のデータが観察できることと矛盾が生じる。だから仮説Aは間違っていて，これと相反する仮説A′が合っているんだ」という手続きを経て，自分の仮説の正しさを主張します。

　統計的検定の具体的な手続きは以下の通りです。

Step1 ●「条件間には差がない」という仮説を立てます。

　ここで検定の対象となっている仮説は，自分の主張したいこととは反対の仮説です。無に帰す前提の仮説なので，帰無仮説というかっこいい名前がついています。これと対になる，採択したい仮説（皆さんの研究仮説）は対立仮説と呼ばれます。

Step2 ● 実験や調査を行ってデータを収集し，条件間の差がどの程度あるかを算出します。

　具体的には，「条件間の差」の大きさを表す，検定統計量という指標を算出します。心理学の統計をすでに学んでいる皆さんは，t 値や F 値などの言葉を耳にしたことがないでしょうか。それらは皆，検定統計量と呼ばれるものの例です。一口に検定統計量と言っても，データの分布の仕方や仮説に合わせていろいろな種類があります（詳しくはこの後の章で説明します）。通常，データの数が一定であればどの検定統計量も帰無仮説に反しているほど（つまり，対立仮説に一致し，差が大きいほど），値が大きくなります。

Step3 ● Step1 で設定した「条件間で差がない」という仮説が正しい場合，Step2 で観測された「差」が偶然起こる可能性がどの程度かを検討します。

　Step2 で算出した検定統計量という指標は，帰無仮説が正しいとした場合に，偶然その値およびそれよりも極端な値を得られる確率（p 値）がわかっています。そこで検定統計量をもとに，観測された「差」が偶然起こる確率がどの程度なのかを求めることができます。

⇒偶然起こる可能性はかなり低い場合

　Step1 で設定した「条件間で差がない」という仮説は正しくない，つまり「条件間で差がある」と結論づけます。
　この手続きを，「帰無仮説を棄却する」と言います。

⇒偶然起こる可能性がそれなりにある場合

　Step1 で設定した「条件間で差がない」という帰無仮説を棄却できないので，結論を保留します。
　結論を保留するというのは，「差があるとはいえない」ということで

第4章　ちょっと理論的な話③　推測統計と統計的検定　43

あって，差がないと同値ではありません。このように統計的検定の枠組みでは，「**条件間で差がない**」ということを積極的に主張できませんので，注意してください。

さて，今の説明で「かなり低い」とか「それなりにある」とか曖昧な言葉を使いました。それでは，偶然起こる可能性がどの程度低ければ「差がない」という仮説を正しくないと判断できるのでしょうか。ここで思い出してほしいのは，私たちが統計を使うのは客観的な判断をするため，つまり研究者間でデータの解釈について合意するためだ，ということです。統計的検定についても研究者間で合意している基準があって，心理学者の間ではだいたい 5% 未満であれば偶然その差が得られる確率はかなり低いと判断してよい，つまりその差には意味がある（有意な差，あるいは有意差と呼ばれます）ということになっています。この判断基準を有意水準と呼びます。あくまで研究者の間で合意された判断基準なので，研究や分野によっては 1% などの異なる基準が使われることもあります。

Tips 心理統計の枠組みが変わる？

　心理学の世界では，この原稿を書いている今は，統計的検定が主流ですが，統計的検定の枠組みそのものを見直そうとする取り組みも広がりつつあります。

4.3　どの検定を選ぶべきか

さあ，これで皆さんは統計的検定のざっくり理論編をマスターしました。次の章からは，皆さんお待ちかねの「実際に推測統計的な分析を行う」という作業に移ります。その前に，検定の選び方とレポートや論文

での結果の報告の仕方について，少しだけ説明したいと思います。

4.2節では「検定統計量」とサラッと流しましたが，実際には，データや仮説に応じて様々な検定統計量と検定の方法があります。それでは，どのように使うべき検定を選べばよいのでしょうか。以下に，フローチャートを載せました。

統計的検定は，大きく2つの系統に分かれます。1つは平均値を比較する系統です。t検定や分散分析が代表的なものです。もう1つは，2変数（特に量的変数）の関連を見るものです。回帰分析や因子分析が含まれます。

太郎さんの実験の仮説は，「異性間のパーソナルスペースは同性間のパーソナルスペースよりも広い」というものでした。この仮説は，平均値（＝量的変数）を比較して，条件によって差があるかどうかを検討するものです。フローチャートを見ると，t検定を使えばよいということがわかります（t検定については第5章で説明します）。

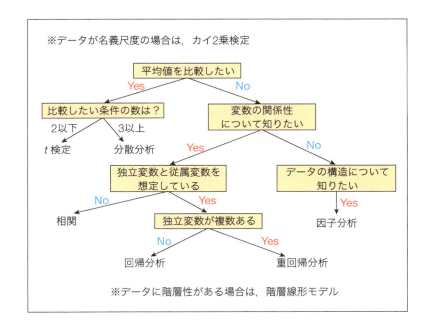

4.4 レポート・論文で報告する必要のある心理統計用語

　最後に，分析を行うときに必要な基本的な用語を確認しておきましょう。これらはすべてレポート・論文を書くときに必要な用語でもあります。具体的な書き方は，それぞれの分析の章を参照してください。

（1）独立変数と従属変数

　独立変数は説明する変数，従属変数は説明される変数のことです。因果関係でいえば，独立変数が原因となる変数，従属変数は結果となる変数になります。例えば太郎さんの実験では，「相手の性別（同性・異性）」が独立変数，「パーソナルスペース（距離）」が従属変数となります。論文やレポートでどのような分析を行ったかを説明する際に，報告が必要になります。

（2）検定統計量と自由度

　4.2 節で述べた通り，仮説が支持されるかどうかを検討するために使用する重要な指標です。どの検定統計量を用いて，どのような検定を行ったかを示すためにも，この指標は必ず報告します。多くの場合，自由度（第 5 章で説明します）も報告します。

（3）p 値

　検定統計量をもとに算出した，帰無仮説が正しいとした場合にその値およびそれよりも極端な値を偶然得られる確率です（4.2 節の Step 3）。これが有意水準未満であるか以上であるかによって，帰無仮説を棄却するかどうかを判断します。大事な数値ですので，これも報告します。

　以前は「$p < .05$（5％ 未満）」や「$p < .01$（1％ 未満）」と書き，有

意と言えるかどうかだけを報告する書き方が主流でした。しかし今日では，p 値の具体的な値を書くことも多くなっています（「$p = .042$」など）。これは心理学の論文を執筆する際のガイドラインとしてよく用いられる，アメリカ心理学会（American Psychological Association; APA）が発行している論文作成マニュアルに従った書き方です。APA 論文作成マニュアル（第 6 版）では，p 値は具体的な値を書くことを推奨しています（0.1% 未満の場合を除く）。この本では，このマニュアルに沿った書き方で p 値を報告しています。どちらの書き方で報告すべきかは状況によって異なりますので，各自で判断してください。

　なお，細かいことですが，心理学では，論文やレポートに結果を報告する際には，検定統計量である F や t，確率の p などの統計用語は斜体にします。ただし，β などのギリシャ文字は斜体にしません。

（4）効果量，95% 信頼区間（必要に応じて）

　現在，上記に加えて効果量と 95% 信頼区間の報告を求められることが多くなっています。詳しくは割愛しますが，どちらも 5% を切るか否かだけを問題とする有意水準とは別の形で結果を検討できる指標となっています。一方で，日本心理学会のマニュアルに従うと，これらの指標の報告は必須ではありません。この本を読んでいる皆さんは，どちらかというと後者のマニュアルに従うことが多いと思いますので，今回はこれらについての説明は割愛します。ただし，HAD では分析を行うと効果量も信頼区間も同時に算出されますので，必要に応じて報告してください。その際には，これらがどのような指標なのか，調べてみてください。

Tips 有意水準の罠

　心理学では長らく「差の起こる確率が 5%（有意水準）未満であれば論文にできるが，5% 以上だと論文にはできない」という状況で研究が進められてきました。このため，5% 未満になるまでデータを取り続けるとか，データを加工したり作ったりするとか，5% を目指してちょっとしたズルをする研究者が出てきてしまいました。こうした流れの中で，p 値が 5% 未満か否かだけではなく p 値そのものを報告すること，また効果量や 95% 信頼区間といったほかの指標も報告することなど，少しずつ分析や結果の報告の仕方について改革が行われてきています。

第 5 章

t 検定

POINT *t* 値をもとに，2 変数の平均に差があるかどうかを検討するための分析です。独立変数は質的変数，従属変数は量的変数です。

5.1 *t* 検定とは

　この章でも引き続き「異性間のパーソナルスペースは同性間のパーソナルスペースよりも広い」という太郎さんの仮説について考えていきましょう。この仮説を検討するために行われた実験で測定されたメインの変数は，距離という量的変数でした。太郎さんの仮説が支持されているかを調べるためには，同性間でのパーソナルスペースの平均と異性間でのパーソナルスペースの平均という 2 つの平均値を比較し，条件間で差があるかどうかを検討することになります。このように，データが量的変数で，比較したい条件が 2 つのみの場合には，*t* 検定が使われます。

　第 4 章で説明した統計的検定の基本的な考え方を *t* 検定に当てはめてみましょう。*t* 検定における帰無仮説は，「2 つの条件の平均値に差がない」です。そして，検定統計量として *t* 値を算出します。最後に，帰無仮説が正しい場合にその *t* 値以上の値が偶然得られる確率（*p* 値）を求め，その確率が有意水準（5％）未満だった場合には，2 つの条件間に「意」味の「有」る差，つまり有意な差があると判断します。

　t 検定という名前は，*t* 値という検定統計量を使うところからきています。この *t* 値は *t* 分布に従うことが知られている統計量で，あるデー

タ数のもとで，t値がある値以上となる確率はすでに明らかにされています。t値は，得られた条件間の平均値の差が偶然起こる確率が低ければ低いほど（珍しければ珍しいほど），大きくなります。なお，t値が大きくなる条件は以下の3つです。

（1）条件間の平均値の差が大きい

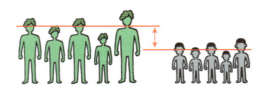

（2）データのばらつきが小さい

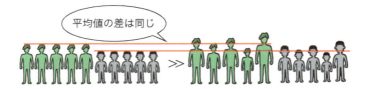

（3）データ数が多い

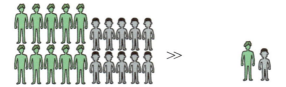

　結果の報告の項でも説明しますが，t分布はデータ数によって分布の様相が変わり，t値がある値以上となる確率が変わります。そのため，t値を報告するときはデータ数（正確には自由度）の報告が必要です。

自由度とは

自由度とは，確率を求める際の基準になるものです。多くの検定統計量は，自由度に伴ってある値となる確率（p値）が変化します。自由度はデータ数や条件数から算出し，例えば「データ数 −1」などで求めます。

5.2 2種類のt検定

t検定には「対応のある」t検定と「対応のない」t検定の2種類があります。この2種類のt検定は，1人の参加者から得られるデータの違いによって使い分けられます。

(1) 対応のあるt検定

パーソナルスペースを測定した太郎さんの実験では，1人の参加者につき，相手が同性であるときと異性であるときの2パターンの測定が行われました。つまり，1人の参加者から同性条件のパーソナルスペースと，異性条件のパーソナルスペースという2つのデータが得られたことになります。このようにして得られたデータをまとめると，次ページのようになります。

この表では，同一参加者から得られた2条件のデータが，同一行に並べられています。つまり，2条件のデータが同一の参加者から得られたデータとして対応づけられているわけです。これが「対応のある」t検定という名前の由来です。このような場合には，参加者ごとに同性条件と異性条件のパーソナルスペースを比較することができます。実際に対応のあるt検定では，参加者ごとに条件間の差を求め，それをもとにt値を算出しています。

対応のある t 検定のデータ

参加者番号	同性条件	異性条件
1	76	99
2	68	168
3	77	72
4	107	123
5	84	90

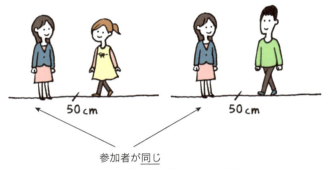

参加者が同じ
＝同じ参加者から2つの条件の
データが得られている

　このように，1人の参加者から2つの条件のデータが得られている場合に用いる方法が，対応のある t 検定です。

（2）対応のない t 検定

　それでは，対応のない t 検定を用いるのはどのような場合でしょうか。例えば，太郎さんの実験では，1人の参加者が同性相手のパーソナルスペースか，異性相手のパーソナルスペースのいずれかの測定しか行わないという実施の仕方も可能です。つまり，同性条件と異性条件に参加した人が異なるということです。このようにして得られたデータをまとめると，次のようになります。

　対応のない t 検定の2条件のデータは異なる参加者から得られたデー

対応のない t 検定のデータ

参加者番号	同性条件
1	76
2	68
3	77
4	107
5	84

参加者番号	異性条件
6	99
7	168
8	72
9	123
10	90

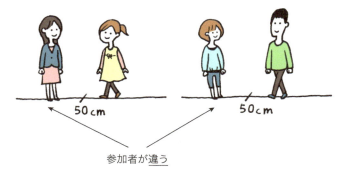

参加者が違う
＝異なる参加者から2つの条件の
データが得られている

タです。つまり，同じ行に配置されている2条件のデータであっても，それらは異なる参加者から得られたもので，データ間に対応づけはありません。これが「対応のない」t 検定という名前の由来です。そのような場合に，同じ行のデータを，対応のある t 検定のように1つずつ比較しても意味がありません。ですから，このようなデータに対しては，異なる方法で t 値を算出する対応のない t 検定を適用する必要があります。このように，2つの条件のデータが異なる参加者から得られたものである場合に用いる方法が，対応のない t 検定です。

5.3 ・ HADで対応のある*t*検定を行う

データの準備

　まずはデータを確認しましょう。同一参加者のデータを1行に配置します。対応のある*t*検定では，1人の参加者から2つの条件（同性・異性）のデータが得られているので，それらを1行に配置することになります。

　データが準備できたら，「データ読み込み」をクリックしましょう。すると，モデリングシートに切り替わります。

1人の参加者の2つの条件のデータ

▲	A	B	C	D	E
1	変数名	参加者番号	参加者性別	同性	異性
2		1	男	76	99
3	データ	2	女	68	168
4	読み込み	3	男	77	72
5		4	女	107	123
6	モデリング	5	男	84	90
7	シート	6	男	77	56
8		7	女	50	111
9		8	女	78	113
10		9	女	106	165
11		10	男	82	90
12	列幅の				

分析方法

Step1 ●「使用変数」を指定します。

　ここでは「同性」と「異性」を選択し，OKをクリックします。

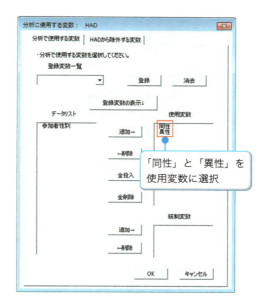

Step2 ● 左上にある「分析」をクリックし，出てきたダイアログボックスの「平均の差の検定」にチェックを入れます。さらに，「対応あり」にチェックを入れ，OK をクリックします。

結果の表示

それでは，t 検定の結果を確認してみましょう。対応のある t 検定の結果は，「TtestW」シートに表示されます。「水準ごとの平均値」には，条件ごとの平均値や標準偏差などが表示されます。対応のある t 検定の結果は「差の検定」部分に表示されます。

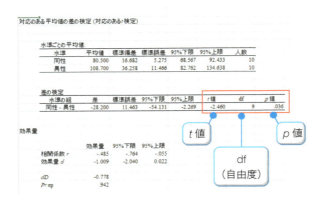

t 値：t 検定における検定統計量です。
df：自由度です。対応のある t 検定では，「参加者数 −1」となります。
p 値：得られた t 値以上の値が偶然生じる確率です。p 値が 5%（.05）より低い場合に，条件間に有意な差があると判断します。

今回の分析では，t 値が −2.460，自由度が 9，p 値が .036（＝ 3.6%）となりました。つまり，実験で得られた同性と異性の平均値の差は，「3.6% 以下の確率でしか偶然には生じない」ものであり，有意な差があると判断できる結果であったということです。

Tips *t* 値のマイナスに意味はない

今回の *t* 検定では，*t* 値がマイナスの値になりました。しかし，この値は，条件の順序を入れ替える（異性・同性の順序にする）と，同じ値のままプラスに変化します。つまり，*t* 値のプラス・マイナスは条件の設定順によって決まるもので，それ自体に大きな意味はありません。ですから，結果の報告の際には，マイナスの *t* 値であっても，プラスの値として報告をします。

対応のある平均値の差の検定 (対応のある *t* 検定)

水準ごとの平均値:

水準	平均値	標準偏差	標準誤差	95%下限	95%上限	人数
異性	108.700	36.258	11.466	82.762	134.638	10
同性	80.500	16.682	5.275	68.567	92.433	10

差の検定

水準の組	差	標準誤差	95%下限	95%上限	*t* 値	df	*p* 値
異性 - 同性	28.200	11.463	2.269	54.131	2.460	9	.036

同性・異性の順序を逆にすると，*t* 値がプラスの値となる

5.4　HADで対応のない *t* 検定を行う

データの準備

対応のない *t* 検定を適用するデータでは，1人の参加者から1つの条件のデータしか得られていません。そのため，各参加者がどちらの条件に参加したのかを明らかにしておく必要があります。

各参加者が参加した条件名

	A	B	C	D	E
1	変数名	参加者番号	参加者性別	相手の性別	パーソナルスペース
2		1	男	同性	76
3	データ	2	女	同性	68
4	読み込み	3	男	同性	77
5		4	女	同性	107
6	モデリング	5	男	同性	84
7	シート	6	男	同性	77
8		7	女	同性	50
9		8	女	同性	78
10		9	女	同性	106
11		10	男	同性	82
12	列幅の	11	男	異性	99
13	調整	12	女	異性	168
14		13	男	異性	72
15		14	女	異性	123
16	数値	15	男	異性	90
17	計算	16	男	異性	56
18		17	女	異性	111
19		18	女	異性	113
20		19	女	異性	165
21		20	男	異性	90
22	HAD2R				

分析方法

Step1 ●「使用変数」で使用する変数を指定し，OK をクリックします。

　ここで気をつけなければならないのが，使用変数の順番です。対応のない t 検定では，**先に選択された変数が従属変数として認識され，後に選択された変数が独立変数として認識されます。**復習しておくと，独立変数とは原因となる（説明する）変数のことで，従属変数とは結果となる（説明される）変数のことです。今回は「パーソナルスペース」が従属変数ですので，まず「パーソナルスペース」を使用変数に追加しましょう。次に，独立変数である「相手の性別」を使用変数に追加してください。モデリングシート上では，「参加者番号」の次に従属変数となる変数名（「パーソナルスペース」）が，右端に独立変数となる変数名（「相手の性別」）が表示されます。

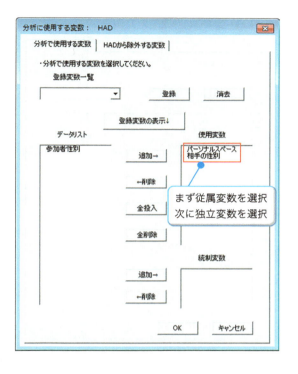

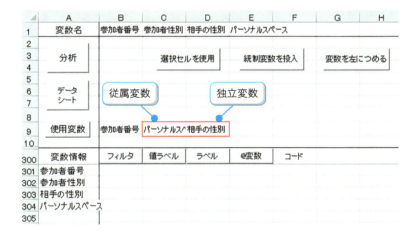

Step2 ● 左上にある「分析」をクリックし，「平均の差の検定」にチェックを入れます。さらに，「対応なし」にチェックを入れます。

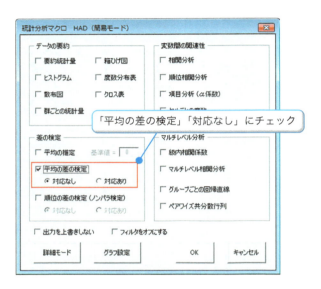

結果の表示

「Ttest」シートが表示されます。「水準ごとの平均値」には，平均値や標準偏差などが表示されます。対応のない t 検定の結果は，「差の検定」部分に表示されます。ちなみに対応のない t 検定では，自由度は「参加者数－2」となります。

対応のない平均値の差の検定（対応のない検定）　　　従属変数＝パーソナルスペース

水準ごとの平均値：

水準	平均値	標準偏差	標準誤差	95%下限	95%上限	人数
同性	80.500	16.682	5.275	69.417	91.583	10
異性	108.700	36.258	11.466	84.611	132.789	10

等分散を仮定する場合の標準誤差 = 8.925

差の検定

検定の種類	差	標準誤差	95%下限	95%上限	t値	df	p値
Welch検定	-28.200	12.621	-55.699	-0.701	-2.234	12.647	.044
t検定	-28.200	12.621	-54.716	-1.684	-2.234	18	.038

※Welch検定は2群の等分散を仮定しない検定です。

効果量

	効果量	95%下限	95%上限
相関係数 r	-.466	-.753	-.030
効果量 d	-0.957	-1.853	-0.061

Prep　　.934

　対応のない t 検定では，「Welch 検定」と「t 検定」の 2 種類の検定結果が出力されますが，Welch 検定の結果を報告します。

2種類の対応のないt検定

　対応のない t 検定には，「(Student の) t 検定」と「Welch の t 検定」の2つがあります。少し細かい話になりますが，Student の t 検定では，「各条件でデータのばらつき方が等しいこと（等分散性と呼びます）」を前提としています。この前提が満たされないと，Student の t 検定を使えません。このため，従来は，①あらかじめ条件ごとのデータの分散が等しいかどうか検定を行い，②もし分散が等しければ Student の t 検定を行い，等しくなければ Welch の t 検定を行う，という考え方が主流でした。しかし，近年，この考え方は統計的に間違いであることが指摘されています。分散の検定を行わずに，常に Welch の t 検定を行うほうが望ましいという考え方が普及してきています。

5.5 : 結果の報告

t 検定で最低限報告しなければならない結果は，（1）自由度，（2）t 値，（3）p 値の 3 つです。この 3 つの結果を，「t（自由度）= t 値 , p = p 値」という形式で報告します。

対応のある t 検定（5.3 節）

相手が同性と異性の場合の平均パーソナルスペースに対して，対応のある t 検定を行った結果，異性とのパーソナルスペース（M = 108.70 cm, SD = 36.26）が同性とのパーソナルスペース（M = 80.50 cm, SD = 16.68）よりも有意に広かった（$t(9)$ = 2.46, p = .036）。

対応のない t 検定（5.4 節）

相手が同性と異性の場合の平均パーソナルスペースに対して，対応のない t 検定を行った。この結果，条件間で有意な差が見られた（$t(12.65)$ = 2.23, p = .044）。すなわち，異性とのパーソナルスペース（M = 108.70 cm, SD = 36.26）が同性とのパーソナルスペース（M = 80.50 cm, SD = 16.68）よりも広いことが示された。

M は平均値（Mean）の，SD は標準偏差（Standard Deviation）の略語です。平均値を比較する検定（t 検定や分散分析）では，通常，各条件の平均値や標準偏差もあわせて報告します（標準偏差の代わりに

標準誤差という指標を報告することもあります)。例のように，本文中に記述する場合もありますし，図表で平均値や標準偏差を報告することもあります。また，「条件間に有意な差が見られた」という記述だけではどちらの条件の平均値が大きかったのかがわかりませんので，どちらの方向に差が見られたのか（「A が B よりも◯◯だった」）も記述します。

統計的検定の結果の報告の際には，統計値だけでなく，分析対象や実施した統計的検定の手法もあわせて報告するようにします。これは以降の章でも同様です。

p 値の 1 の位の「0」を省略するのはなぜ？

p 値を報告する際には，1 の位の「0」が省略されます（例えば，$p = .036$）。p 値は確率ですので，0〜1 の間の数字しかとりません。つまり，1 よりも大きな値にはなりえないということです。このように，理論上 1 を超えることのない統計値においては，1 の位の「0」を省略します。p 値以外では，第 8 章で扱う相関係数（r）もこのような報告の仕方をします。

第0章
第1章
第2章
第3章
第4章
第5章
第6章
第7章
第8章
第9章
第10章
第11章
第12章

1要因分散分析

POINT　F値をもとに，1つの要因内の3条件以上の平均値を比較するための分析です。独立変数は質的変数，従属変数は量的変数です。

6.1　分散分析とは

　太郎さんが明さんとしゃべりながら歩いていると，向かいから健さんがやって来て，3人で立ち話をしました。太郎さんはこのとき，自分と隣にいる明さんの距離が，正面にいる健さんとの距離に比べて近いことに気づきました。ここから，太郎さんは「相手の位置によってパーソナルスペースは異なる」という仮説を立てました。この仮説が正しいことを主張するためには，様々な位置でパーソナルスペースを測定する必要があります。太郎さんは，相手の位置が正面，横，後ろである場合の3つの条件を設定し，パーソナルスペースの測定を行うことにしました。

　第5章と同様に，この実験で測定されるメインの変数も距離という量的変数です。太郎さんの仮説が支持されているかを調べるためには，正面，横，後ろという3つの位置でのパーソナルスペースの平均値を比較し，差があるかどうかを検討することになります。このように従属変数が量的変数で，独立変数に3つ以上の条件がある場合には，分散分析と呼ばれる分析が使われます。中でも，分析対象となる3つ以上の条件（この場合「正面」「横」「後ろ」）で構成される1つの変数（この場合「相手の位置」）の影響を検討する分散分析を1要因分散分析と

言います。このときの「相手の位置」に当たる変数を要因と呼びます。

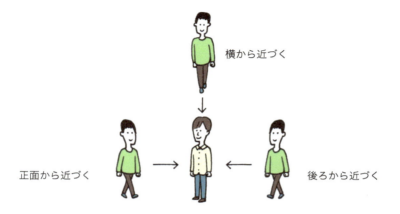

全部の条件が「相手の位置」でまとめられる
→1要因分散分析

6.2 主効果

　1要因分散分析の基本的な考え方を整理しておきましょう。1要因分散分析における帰無仮説は、「要因内の条件の平均値のどこにも差がない」です。分散分析では、F値という検定統計量を用いて、得られた結果が偶然生じる確率を求めます。F値は「要因の影響力」と「要因以外、偶然の影響力」を比較することで算出される統計量で、F値が大きいほど「要因の影響力」が大きいことを表します。あるデータ数（自由度）のもとでF値がどのような大きさになるかはF分布という分布によって決まっているので、F分布を利用することで「この実験のデータ数でこの値以上のF値が出てくる確率はどのくらいか」が計算できます。そして、その確率が有意水準（5%）未満だった場合に

は，「要因内の条件の平均値のどこにも差がない」という帰無仮説が棄却され，要因内の条件の平均値に差がある，つまりは要因が平均値に有意に影響したと判断します。

　ある要因が平均値に及ぼす影響のことを，分散分析では主効果と呼びます。例えば，「相手の位置によってパーソナルスペースは異なる」という仮説を証明するためには，「相手の位置」の主効果が有意になる必要があります。主効果は分散分析で最初に得られる分析結果です。しかし主効果は「要因が平均値に影響した」ということ以上の情報を与えてくれるものではありません。言い換えると，要因内の条件の「どこかに」差があるということを示しているだけで，要因内のどの条件とどの条件の平均値の間に差があるのかはまだわからないのです。

6.3　多重比較

　それでは，どうしたら要因内の条件のどこに差があるのかがわかるのでしょうか。例えば今回の実験では，「相手の位置」という要因内に「正面」「横」「後ろ」という3つの条件がありました。この3つの条件のどの組み合わせで平均値の差があるのかを知るためには，どうしたらよいのでしょうか。

　1要因の分散分析では主効果が有意であった場合，3つの条件の中から2つの条件をピックアップして，それぞれの条件間で平均値を比較します。つまり，正面と横，正面と後ろ，横と後ろのパーソナルスペースの平均値をそれぞれ比較するのです。さて，2条件の平均値の比較といえば，前章で行った t 検定です。ならば，各条件の組み合わせで3回の t 検定を行えばいいのか，とピンと来た人もいるかもしれません。しかし実は t 検定を繰り返すと，有意水準に基づいた判断が誤りとなる危険性が高まることが知られています（詳しくはコラム1〔p.81〕参照）。つまり，そのまま t 検定を繰り返してはだめなのです。

第6章　1要因分散分析　67

この問題に対応するために様々な方法が考案されていて，これらをまとめて多重比較と言います。HAD の初期設定では多重比較の方法として Holm 法という方法が設定されています。この方法では t 検定を繰り返し行う代わりに，有意水準を調整することで，有意かどうかの判断が誤りとなる危険性を抑えています（HAD では Holm 法以外の多重比較の方法を選択することができますが，どれも有意水準を調整するという点では共通しています）。

t 検定と同様に，分散分析も要因内のデータが対応のあるものかどうかで分析の実施方法が変わります。以下の 2 種類の要因の呼び方に慣れておいてください。

参加者内要因：各条件のデータが同一の参加者から得られたもの（対応のあるデータ）である要因。
参加者間要因：各条件のデータが異なる参加者から得られたもの（対応のないデータ）である要因。

6.4 節では，参加者内要因の分散分析について説明します。6.5 節で参加者間要因の分散分析について説明します。

6.4 HADで1要因分散分析（参加者内要因）を行う

データの準備
以下のように，同一参加者のデータを 1 行に配置します。1 人 1 人の参加者に各条件のデータがあります。

3つの条件名

	A	B	C	D	E
1	変数名	参加者番号	正面	横	後ろ
2		1	70	35	27
3	データ	2	212	144	163
4	読み込み	3	114	38	60
5		4	52	39	54
6	モデリング	5	196	190	176
7	シート	6	128	33	45
8		7	271	240	280
9		8	180	180	231
10		9	119	118	42
11		10	83	66	66
12	列幅の	11	48	27.5	37
13	調整	12	160	120	150
14		13	210	230	220
15	数値	14	100	76	45
16	計算	15	115	66	85
17		16	42	32	24
18		17	160	171	180
19		18	180	201	210
20		19	116	84	40
21		20	78	110	84
22	HAD2R				

　データの準備が終わったら，「データ読み込み」をクリックしてモデリングシートに移りましょう。

第6章　1要因分散分析　69

分析方法

Step1 ●「使用変数」で使用する変数を指定し，OK をクリックします。

ここでは，「正面」「横」「後ろ」を選択します。

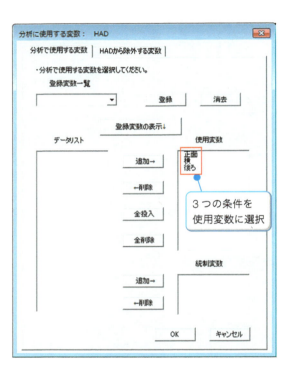

Step2 ● 中央上部の「回帰分析」にチェックを入れ,さらに左下の「分散分析」にチェックを入れます。

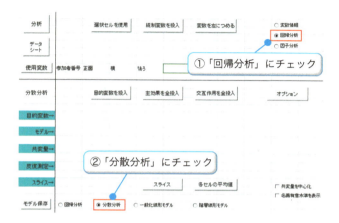

Step3 ● 目的変数を投入します。「使用変数」横の従属変数にあたる変数名の入っているセルを選択し,「目的変数を投入」をクリックします。

　目的変数とは,従属変数のことです(第9章でも説明します)。ここでは,「正面」「横」「後ろ」の使用変数をすべて選択し,「目的変数を投入」をクリックします。「目的変数→」の右側に,選択した目的変数が投入され,その右側のセルに「$」が入力されます。

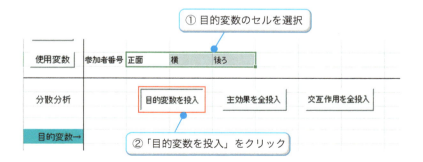

Step4 ●「$」の右側のセルに要因名を入力します。

ここでは,「相手の位置」と入力します。

「$」の右側に要因名を入力することで,「$」の左側に明記されている複数の変数が,参加者内要因に含まれる条件として認識されます。

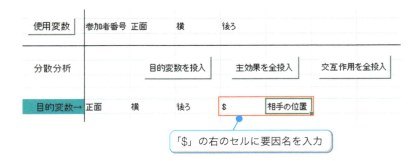

Step5 ●「モデル→」に独立変数を設定します。「主効果を全投入」をクリックすると主効果が投入されます。

ここでは「相手の位置」だけが要因として設定されていますので,「モデル→」の右側に「相手の位置」という要因名が反映されます。その後,「分析実行」をクリックします。

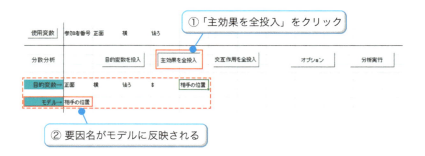

結果の表示

結果が「Anova」シートに表示されます。「要因の効果（タイプⅢ＆平方和）」に，「相手の位置」の主効果に関する検定結果が表示されます。一番下の「多重比較」に，Holm法での各条件間での比較に関する検定結果が表示されます。

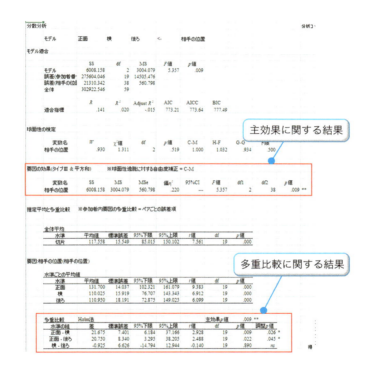

まず，主効果に関する検定結果を確認してみましょう。

F 値：分散分析における検定統計量です。

df1，df2：自由度です。分散分析では，2 つの自由度が算出されます。算出方法は省略しますが，df1 は要因内の条件数によって変化し，df2 は要因内の条件数と参加者数によって変化します。2 つの自由度とも，結果の報告には必要です。

p 値：得られた *F* 値以上の値が偶然生じる確率です。*p* 値が 5%（.05）より低い場合に，要因の主効果が有意であると判断します。

　今回の分析では，*F* 値が 5.357，自由度が 2 と 38，*p* 値が .009（＝0.9%）となりました。つまり，「相手の位置」の主効果が有意で，「正面」「横」「後ろ」の 3 条件の平均値が異なると判断できる結果であったということです。

　主効果が有意である場合には，具体的にどの条件とどの条件の平均値が異なるかを検討するために，多重比較の結果を検討します。では，多重比較の検定結果を確認してみましょう。

多重比較	Holm法					主効果*p*値	.009 **	
水準の組	差	標準誤差	95%下限	95%上限	*t*値	df	*p*値	調整*p*値
正面 - 横	21.675	7.401	6.184	37.166	2.928	19	.009	.026 *
正面 - 後ろ	20.750	8.340	3.295	38.205	2.488	19	.022	.045 *
横 - 後ろ	-0.925	6.626	-14.794	12.944	-0.140	19	.890	ns

調整 *p* 値
(p_{adj})

　「水準の組」という部分に，3 つの条件の比較の組み合わせが表示されており，各比較において「*t* 値」「自由度（df）」「*p* 値」「調整 *p* 値」が算出されています。Holm 法では有意水準を厳しくすることで，分析全体での有意水準が 5% を超えないように調整します。例えば，厳しさを 2 倍にするのであれば，5% の半分の 2.5% を有意水準とし，2.5% よりも *p* 値が低い場合に有意と判断します（有意水準を厳しく

するルールや有意と判断するルールについての説明は，ここでは省略します）。この調整の結果，有意な差があると判断された場合には，調整 p 値（p 値に有意水準を厳しくした割合を掛けたもの）が表示され，その右のセルに「*」が表示されます。また，有意な差がないと判断された場合には，調整 p 値の列に「*n.s.*」（non significant の略で，非有意を意味します）と表示されます。

分散分析の略称

分散分析は英語で Analysis of Variance と言います。各単語の頭の部分を取って（ちょっと強引な気もしますが），よく ANOVA と略して呼ばれます。

6.5 HADで1要因分散分析（参加者間要因）を行う

データの準備

次に，参加者間要因の分散分析について紹介します。今までと同様に，同一参加者のデータを 1 行に配置します。「相手の位置」には，各参加者が参加した条件名を入力しておきます。

各参加者が参加した条件名

	A	B	C	D
1	変数名	参加者番号	相手の位置	パーソナルスペース
2		1	正面	42
3	データ読み込み	2	正面	100
4		3	後ろ	180
5		4	正面	160
6	モデリングシート	5	横	118
7		6	後ろ	66
8		7	正面	115
9		8	後ろ	37
10		9	後ろ	60
11		10	後ろ	27
12	列幅の調整	11	横	38
13		12	横	201
14		13	後ろ	176
15		14	横	84
16	数値計算	15	後ろ	85
17		16	正面	119
18		17	後ろ	210
19		18	正面	128
20		19	正面	116
21		20	横	240

分析方法

Step1 ● 「データ読み込み」後，「使用変数」で使用する変数を指定し，OK をクリックします。

ここでは，「相手の位置」「パーソナルスペース」を選択します。

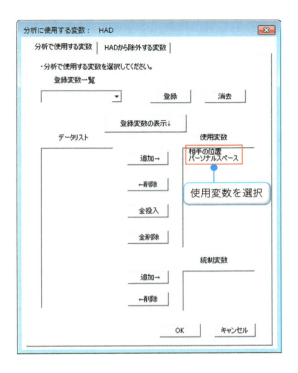

Step2 ●　中央上部の「回帰分析」にチェックを入れ，さらに左下の「分散分析」にチェックを入れます。

Step3 ●　目的変数を投入します。

　ここでは，「パーソナルスペース」を選択し，「目的変数を投入」をクリックします。

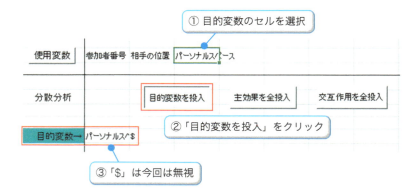

「目的変数→」の右側に，選択した目的変数が投入され，その右側のセルに「$」が入力されますが，参加者間要因の場合は，この「$」は無視してください。

Step4 ●「主効果を全投入」をクリックします。

「モデル→」の右側に，未使用の使用変数が反映されます。今回の場合，「相手の位置」という変数名が反映されます。その後，「分析実行」をクリックします。

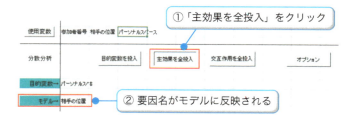

結果の表示

「Anova」シートが表示されます。検定結果の見方は，参加者内要因

の1要因分散分析と同じです。

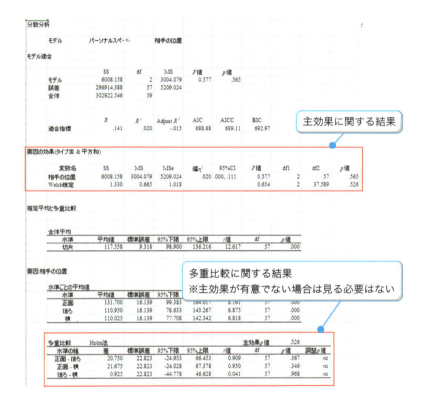

今回の分析では，「相手の位置」の主効果のp値が.565（56.5％）であり，有意水準（5％）よりも大きくなりました。つまり，相手の位置によってパーソナルスペースの広さが違うとは言えないと判断します。

> **Tips** **より簡単に1要因分散分析を行うには**
>
> なお，この章では回帰分析の機能を使って1要因の分散分析を行う方法について説明しました。しかし，HADでは3条件以上の平均値に対して「*t*検定」が選択された場合には，自動的に1要因分散分析が実施されるようになっています。この方法を使えば，より簡単に分散分析を実施できます。

6.6 結果の報告

　主効果の報告の際には，（1）自由度（df1, df2），（2）*F*値，（3）*p*値の3つを，「F(df1, df2) = F値, p = p値」という形式で報告します。主効果が有意になった場合には，*t*検定の報告方法にならって多重比較の結果を報告します（この本では，*p*値として調整*p*値を報告する方法を紹介しますが，$p < .05$といった有意水準での報告をする場合もあります）。例えば，6.4節の分析結果は以下のように報告します。

　平均パーソナルスペースに対して，1要因分散分析を行った結果，相手の位置の主効果が有意となった（$F(2, 38) = 5.36$, $p = .009$）。多重比較（Holm法）の結果，正面のパーソナルスペース（$M = 131.70$ cm，$SD = 62.77$）が，横と後ろのパーソナルスペース（横：$M = 110.03$ cm，$SD = 71.19$; 後ろ：$M = 110.95$ cm，$SD = 81.35$）よりも有意に広かった（横：$t(19) = 2.93$, $p_{adj} = .026$; 後ろ：$t(19) = 2.49$, $p_{adj} = .045$）。横と後ろのパーソナルスペースの間には有意な差は見られなかった（$t(19) = 0.14$, *n.s.*）。

ここでの p_{adj} は調整 p 値のことです。

Column 1

t検定を繰り返してはいけない理由

統計的検定では，帰無仮説のもとで偶然には有意水準（例えば 5％）未満でしか生じない珍しい事象が起きた場合に，有意と判断します。しかし，いくら珍しい事象であっても，ある確率では偶然生じます。つまり，本当は有意でない（帰無仮説が正しい）にも関わらず，有意と判断される誤りが生じる可能性があるわけです。これを，第１種の誤りと言います。第１種の誤りが生じる確率は，有意水準の確率と同じで，有意水準が 5％ であれば，5％ の確率で誤った結論を導くことがあります。これは，確率論的な判断が行われる統計的検定においては避けて通ることができません（実際に，有意水準のことを，危険率とも言います）。

では，有意水準を 5％ とした t 検定を 2 回繰り返すと第１種の誤りがどのくらいの確率で生じるのかを考えてみましょう。

表6-1　t検定（有意水準5％）を2回繰り返した場合

		1回目のt検定	
		検定結果が正しい確率（0.95）	第1種の誤りが生じる確率（0.05）
2回目のt検定	検定結果が正しい確率（0.95）	0.95×0.95 $= \underline{0.9025}$	0.05×0.95 $= \underline{0.0475}$
	第1種の誤りが生じる確率（0.05）	0.95×0.05 $= \underline{0.0475}$	0.05×0.05 $= \underline{0.0025}$

表 6-1 において，第１種の誤りが生じる確率は，2 回とも検定結果が正しい場合以外すべてですので，9.75％（1 − 0.9025 = 0.0975）となります。つまり，t 検定を 2 回繰り返すと第１種の誤りが生じる確率が約 2 倍となるわけです。3 回の t 検定を繰り返し行うと，この確率は約 14.3％（= 1 − 0.95 × 0.95 × 0.95）にまで高くなってしまいます。誤りが生じる確率が 14.3％ もあるようでは，信頼性が低く検定として成り立ちません。そ

こで，第1種の誤りが生じる確率を5%程度に抑えるために，多重比較という方法を使う必要があるのです。

　ちなみに，「本当は有意であるにも関わらず，有意ではない（効果がない）」と結論づけてしまう，**第2種の誤り**もあります。

第7章

2要因分散分析

POINT 異なる2つの要因があるときに，各条件の平均値を比較するための分析です。独立変数は質的変数，従属変数は量的変数です。

7.1 2要因分散分析とは

　もう一度，「同性間と異性間でのパーソナルスペースの違い」を検討した太郎さんの実験結果を見てみましょう（次図）。第5章では，同性・異性という2条件のパーソナルスペースの平均値に差があるかどうかを明らかにするために t 検定を行いました。つまり，「相手の性別」という要因の影響を検討したことになります。さて，このデータを眺めてみると，ほかにも「参加者の性別」という要因があるのがわかります。この「参加者の性別」もパーソナルスペースに影響を与えているのでしょうか。

要因B：参加者の性別 　　　　　　要因A：相手の性別

参加者番号	参加者性別	同性	異性
1	男	76	99
2	女	68	168
3	男	77	72
4	女	107	123
5	男	84	90
6	男	77	56
7	女	50	111

第7章　2要因分散分析　83

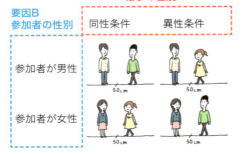

　表7-1は同性間と異性間でのパーソナルスペースの広さを，参加者の性別ごとにまとめ直したものです。この表を見ると，女性参加者の異性に対してのパーソナルスペースがほかの条件に比べて広くなっていることがわかります。つまり，パーソナルスペースは「相手の性別」という要因だけでなく，「参加者の性別」という要因の影響も受けているようです。

　このように，ある変数に対して影響を与える要因は1つだけとは限りません。分散分析では2つ以上の要因の影響についても分析することができます。特に2つの要因の影響を考える分散分析は2要因分散分析と呼ばれ，現在の心理学において主流となっている分析の1つです。2要因分散分析では，1要因分散分析の際に登場した主効果に加えて，交互作用という新しい効果について考える必要があります。この章ではまず主効果について復習してから，交互作用について説明します。

7.2　主効果

　第6章で主効果とは「ある要因が平均値に及ぼす影響のこと」と説明しました。つまりある要因の条件によって平均値が異なるかどうか

を確かめるということです。1要因分散分析と同様に，2要因分散分析でも各要因の主効果を考えることができます。2要因分散分析では要因が2つありますので，主効果も2つあります。ここでは，「相手の性別」と「参加者の性別」の2つの要因の影響を考えていますので，「相手の性別」の主効果と「参加者の性別」の主効果という2つの主効果があります。

　ここで覚えておいてほしいのは，一方の要因の主効果を見ているときには，他方の要因を「とりあえず置いておく」点です。例えば，「相手の性別」の主効果は，参加者全員の同性間でのパーソナルスペースと異性間でのパーソナルスペースを比較することになります。このときには参加者が男性であるか女性であるかは無視されます。「参加者の性別」の主効果を見るときも同様で，とりあえず「相手の性別」の要因については考えないで，すべてのデータを用いて参加者が男性であるか女性であるかでパーソナルスペースに差が見られるかを見ていることになります。つまり，他方の要因にかかわらず，ある要因の条件間で平均値に差があるかを検討していることになります。太郎さんの実験結果では，「相手の性別」の主効果も，「参加者の性別」の主効果も有意になりそうです。

参加者 番号	参加者 性別	同性	異性
1	男	76	99
3	男	77	72
5	男	84	90
6	男	77	56
10	男	82	90
2	女	68	168
4	女	107	123
7	女	50	111
8	女	78	113
9	女	106	165
平均値		80.5	108.7

平均値 80.3

参加者の性別の主効果
（縦で比べる・相手の性別は無視）

平均値 108.9

相手の性別の主効果
（横で比べる・参加者の性別は無視）

7.3 交互作用

　7.2 節では，相手が同性のときよりも異性のときにパーソナルスペースが広いという「相手の性別」の主効果が有意になりそうだということがわかりました。しかし参加者の性別ごとに結果を見てみると，異性に対してのパーソナルスペースが広いのは女性参加者だけで，男性参加者では同性と異性のパーソナルスペースの間にほとんど差はありません。つまり「相手の性別」のパーソナルスペースの広さへの影響は，「参加者の性別」によって異なるようです。このように，一方の要因の影響に対して他方の要因が影響を与えること（つまり影響が条件ごとに異なること）を交互作用と言います。交互作用は，2 要因以上の分散分析で得られるもう 1 つの主要な結果です。

主効果と同様に，交互作用もF値に基づいてその効果が有意かどうかを判断します。そして，交互作用が有意である場合には，1つの要因の平均値への影響を，他方の要因の条件ごとに検討する必要があります。例えば，男性参加者（「参加者の性別」の要因の条件の1つ）における「相手の性別」の影響と，女性参加者（「参加者の性別」の要因のもう1つの条件）における「相手の性別」の影響を別々に検討する必要があるということです。このように，他方の要因の条件ごとに検討されたある要因の影響のことを単純主効果と言います。

条件で切り分けて，参加者の性別ごとに相手の性別の影響が異なるかを調べる

参加者番号	参加者性別	同性	異性
1	男	76	99
3	男	77	72
5	男	84	90
6	男	77	56
10	男	82	90
平均値		79.2	81.4

参加者番号	参加者性別	同性	異性
2	女	68	168
4	女	107	123
7	女	50	111
8	女	78	113
9	女	106	165
平均値		81.8	136.0

単純主効果　　　　　　　単純主効果

　このように，2要因以上の分散分析では主効果と交互作用の両者を考える必要があります。次の図に示されているのは，相手の性別（同性・異性）× 参加者の性別（男性・女性）の2要因分散分析で得られる代表的な結果（平均値）のパターンです。どのグラフで主効果・交互作用が有意であるか，わかるでしょうか。

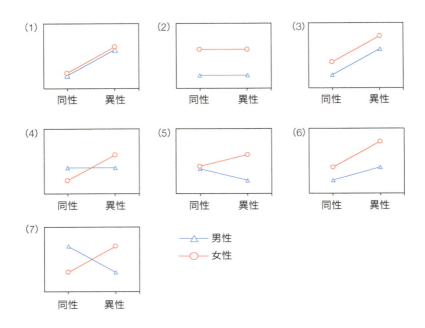

正解は表7-2の通りです。○は有意、×は非有意を表します。

表7-2 各グラフにおける主効果・交互作用

グラフ	主効果 相手の性別	主効果 参加者の性別	交互作用
(1)	○	×	×
(2)	×	○	×
(3)	○	○	×
(4)	○	×	○
(5)	×	○	○
(6)	○	○	○
(7)	×	×	○

交互作用を考えることによって、様々なパターンのデータをうまく分析することができます。

交互作用は掛け算?

交互作用は,「参加者の性別×相手の性別」のように掛け算で示されます(HAD上では,「×」の代わりに「*」が用いられます)。お互いがお互いに影響しあって,要因の効果が単純な足し算ではない,というイメージが湧いてくるのではないでしょうか。

7.4 HADで2要因分散分析を行う①:参加者間要因×参加者内要因

HADの場合,2要因分散分析も1要因分散分析もやり方はほぼ同じです。要因が2つになっても参加者間要因か参加者内要因かによってHADでの変数の投入方法が異なりますので注意してください。

この節ではまず,2つの要因がそれぞれ参加者間要因と参加者内要因である場合を紹介します。7.5節でどちらも参加者内要因の場合,7.6節でどちらも参加者間要因の場合について説明します。

データの準備

今までと同様に，同一参加者のデータを1行に配置します。

	A	B	C	D	E	F
1	変数名	参加者番号	参加者性別	同性	異性	
2		1	男	76	99	
3	データ	2	女	68	168	
4	読み込み	3	男	77	72	
5		4	女	107	123	
6	モデリング	5	男	84	90	
7	シート	6	男	77	56	
8		7	女	50	111	
9		8	女	78	113	
10		9	女	106	165	
11		10	男	82	90	
12	列幅の					

参加者間要因：参加者性別

参加者内要因：同性・異性

「同性」「異性」の2列に入力されている「参加者性別」が参加者間要因，「相手の性別」が参加者内要因になります。「データ読み込み」をクリックして，モデリングシートを表示させましょう。

分析方法

Step1 ●「使用変数」で使用する変数を指定し，OK をクリックします。

　ここでは，「参加者性別」「同性」「異性」を選択します。

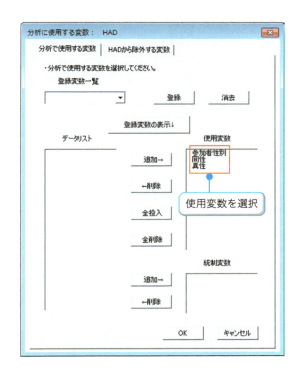

Step2 ● 中央上部の「回帰分析」にチェックを入れ，さらに左下の「分散分析」にチェックを入れます。

Step3 ● 目的変数を投入します。

　ここでは，「同性」「異性」を選択し，「目的変数を投入」をクリックします。「目的変数→」の右側に，選択した目的変数が投入され，その

右側のセルに「$」が入力されます。

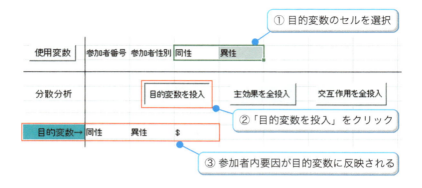

Step4 ●「$」の右側のセルに参加者内要因の名前を入力します。

ここでは，「相手の性別」と直接入力します。

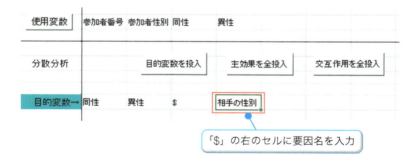

Step5 ●「主効果を全投入」をクリックし，まだ使用していない使用変数と，Step4 で名前を入力した参加者内要因をモデルに投入します。

ここでは，「モデル→」の右側に「参加者性別」と「相手の性別」という2つの要因名が反映されます。

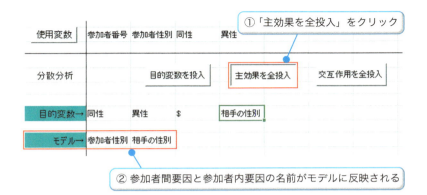

Step6 ●「交互作用を全投入」をクリックします。

モデルに Step5 で投入した要因を組み合わせた交互作用が投入されます。ここでは，「モデル→」の右端に「参加者性別＊相手の性別」と反映されます。「＊」が交互作用の意味です。

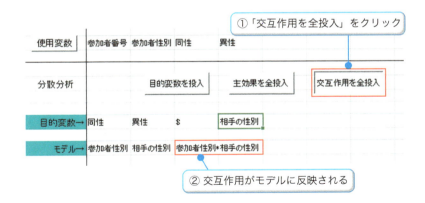

Step7 ●　単純主効果の検定において群分けしたい要因を選択し，「スライス」をクリックするか，「スライス→」の横のセルに直接入力します。

　ここでは「参加者性別」を選択し，「スライス」をクリックして指定しています。これによって，参加者性別ごとに「相手の性別」の影響が検討されます。

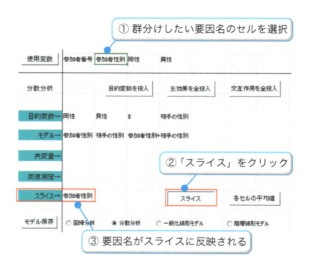

　これで準備は完了です。「分析実行」をクリックしてみましょう。

結果の表示

　「Anova」シートと「Slice」シートが表示されます。「Anova」シートには，主効果と交互作用の検定結果が表示されます。「Slice」シートには，単純主効果の検定結果が表示されます。

　まずは「Anova」シートから確認してみましょう。

ここで見てほしいのは,「要因の効果(タイプⅢ&平方和)」です。この部分に各要因の主効果と交互作用の検定結果が表示されます。

今回の分析では,参加者性別の主効果（$F(1, 8) = 7.55, p = .025$）,相手の性別の主効果（$F(1, 8) = 12.56, p = .008$）のいずれもが有意になりました。

さて,第6章では,1要因分散分析において主効果が有意だった場

第7章 2要因分散分析　95

合，多重比較を行う必要があることを説明しました。しかし，分散分析において主効果が有意だった場合，必ず多重比較を行わなければならないというわけではありません。多重比較が必要なのは，3つ以上の条件を含む要因の主効果が有意だった場合です（詳しくは6.3節参照）。1要因分散分析を行うときには条件が3つ以上あることが普通なので，多くの場合多重比較を行います（条件が2つの場合にはt検定を用います）。一方で2要因以上の分散分析においては，条件数が2つの要因が存在します。その要因の主効果では，多重比較を行う必要がありません。

「Anova」シートでは主効果だけではなく，交互作用が有意であるかどうかも確認することができます。「参加者性別 * 相手の性別」の行を確認してください。交互作用が有意であること（$F(1, 8) = 10.68, p = .011$）が確認できると思います。交互作用が有意であるということは，一方の要因によって他方の要因の影響の仕方が異なるということなので，より詳しく結果を調べる必要があります。交互作用が有意でなかった場合には，ここまで分析は終了です。

さて，ここでは交互作用が有意だったので，「Slice」シートで単純主効果の検定結果を確認しましょう。

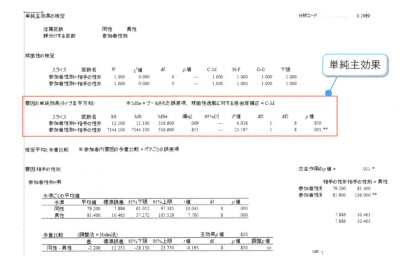

「要因の単純効果（タイプⅢ平方和）」の部分に，参加者性別ごとの「相手の性別」の単純主効果の検定結果が表示されています。

統計量を確認するとともに，どのような平均値のパターンなのか，同時に出力されるグラフで確認しておきましょう。なお，このグラフはExcelの機能を使って作られているグラフなので，編集が可能です。

第7章 2要因分散分析　97

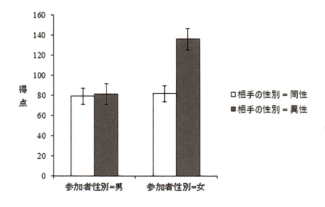

　今回の分析では男性参加者では相手の性別の単純主効果は有意ではありませんが，女性参加者では相手の性別の単純主効果が有意となっています。単純主効果においても，条件数が2つの場合には多重比較は必要ありません。女性参加者では異性とのパーソナルスペースが同性とのパーソナルスペースよりも有意に広いと判断できます。なお，条件数が3つ以上の要因の単純主効果が有意だった場合には多重比較を行う必要があります。多重比較の結果は，グラフの左側に表示されます（今回は2条件の要因のみなので，結論は単純主効果と変わりません）。

要因:相手の性別

> 単純主効果に関する多重比較の結果
> ※3 条件以上の要因の場合のみ必要

参加者性別=男

水準ごとの平均値

水準	平均値	標準誤差	95%下限	95%上限	t値	df	p値
同性	79.200	7.886	61.015	97.385	10.043	8	.000
異性	81.400	10.463	57.272	105.528	7.780	8	.000

多重比較	(調整法 = Holm法)					主効果p値	.850	
	差	標準誤差	95%下限	95%上限	t値	df	p値	調整p値
同性 - 異性	-2.200	11.253	-28.150	23.750	-0.195	8	.850	ns

効果量 d

	効果量	95%下限	95%上限
同性 - 異性	-.142	-1.796	1.513

参加者性別=女

水準ごとの平均値

水準	平均値	標準誤差	95%下限	95%上限	t値	df	p値
同性	81.800	7.886	63.615	99.985	10.373	8	.000
異性	136.000	10.463	111.872	160.128	12.998	8	.000

多重比較	(調整法 = Holm法)					主効果p値	.001 **	
	差	標準誤差	95%下限	95%上限	t値	df	p値	調整p値
同性 - 異性	-54.200	11.253	-80.150	-28.250	-4.816	8	.001	.001 **

効果量 d

	効果量	95%下限	95%上限
同性 - 異性	-2.363	-3.974	-.752

7.5 HADで2要因分散分析を行う②：参加者内要因×参加者内要因

　2つの参加者内要因を組み合わせた分散分析は，従属変数（目的変数）と独立変数の指定の仕方が今までとは異なります。それ以外のやり方や結果の出力は同じです。

　今回は，「相手の性別（同性・異性）」と「相手の位置（正面・横・後ろ）」の2つの参加者内要因での分析手順を考えます。2つの要因の条件を組み合わせると，全部で6条件（同性－正面，同性－横，同性－後ろ，異性－正面，異性－横，異性－後ろ）になります。

第7章　2要因分散分析　99

データの準備

　2つの要因の条件を組み合わせた変数を入れ子構造となるように配置します。入れ子構造とは，あるモノの中に同様のモノが繰り返される構造のことです。今回の場合は，「相手の性別」という要因の条件ごとに，「相手の位置」の条件を繰り返すことになります。ここでは「相手の性別」（最も大きな枠組み）を上位レベル，「相手の位置」を下位レベルと呼ぶことにします。

<入れ子構造となっている条件配置>

上位レベル	同性			異性		
下位レベル	正面	横	後ろ	正面	横	後ろ

	A	B	C	D	E	F	G	H
1	変数名	参加者番号	同性・正面	同性・横	同性・後ろ	異性・正面	異性・横	異性・後ろ
2		1	70	35	27	53	44	33
3	データ読み込み	2	212	144	163	178	121	86
4		3	114	38	60	97	67	83
5		4	52	39	54	93	78	61
6	モデリングシート	5	196	190	176	194	189	178
7		6	128	33	45	43	41	23
8		7	271	240	280	221	260	250
9		8	180	180	231	190	170	180
10		9	119	118	42	76	90	80
11		10	83	66	66	171	161	120
12	列幅の調整	11	48	27.5	37	160	150	171
13		12	160	120	150	170	160	160
14		13	210	230	220	100	80	75
15	数値計算	14	100	76	45	193	187	192
16		15	115	66	85	82	43	30
17		16	42	32	24	81	66	37
18		17	160	171	180	190	210	210
19		18	180	201	210	160	180	200
20		19	116	84	40	133	90	73
21		20	78	110	84	212	193	158
22	HAD2R							

分析方法

Step1 ● モデリングシートで「使用変数」をクリック，使用する変数を指定し，OK をクリックします。

　ここでは，すべての変数を順番そのままに選択します。

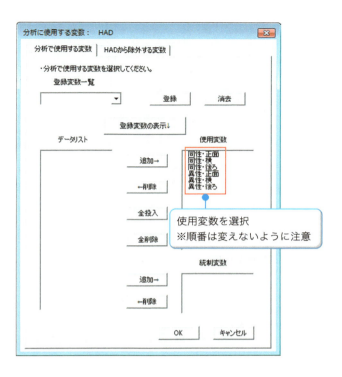

Step2 ● 中央上部の「回帰分析」にチェックを入れ，さらに左下の「分散分析」にチェックを入れます。

Step3 ● 目的変数を投入します。

ここでは，6条件すべてを選択し，「目的変数を投入」をクリックします。このとき，目的変数の順序が入れ子構造になっているか注意してください。

Step4 ●「目的変数→」の「$」の右側のセルに，上位レベル，下位レベルの順に参加者内要因の名前を入力します。

ここでは，「相手の性別」「相手の位置」という順序になります。

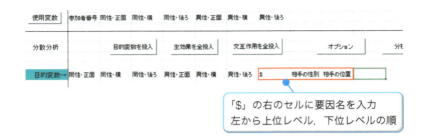

Step5 ●「反復測定→」の横のセルに上位レベルの要因の条件数と，下位レベルの要因の条件数をそれぞれ順番に直接入力します。

今回は「相手の性別」が男性・女性の2条件，「相手の位置」が正面・横・後ろの3条件ですので，「2」「3」となります。

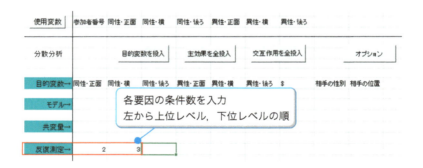

Step6 ● これ以降の手順は同じです。「主効果を全投入」「交互作用を全投入」をクリックし，「スライス」の指定を行います。

正しく指定できていれば，図のようになるはずです。

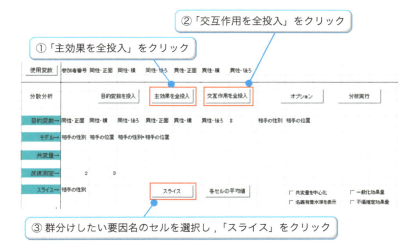

変数が正しく設定できたら,「分析実行」をクリックしてください。結果が「Anova」シートと「Slice」シートに出力されます。出力の解釈は7.4節と同じです。

7.6 HADで2要因分散分析を行う③：参加者間要因×参加者間要因

2つの参加者間要因を組み合わせた分散分析は,参加者間要因の1要因分散分析とほぼ同じです。「参加者の性別（同性・異性）」と「相手の位置（正面・横・後ろ）」の2つの参加者間要因で実験したときの分析手順を説明します。

データの準備

参加者間要因の1要因分散分析を思い出してください。2つの要因とも参加者間要因なので,そのデータにもう1列,条件の変数を加えるだけです。最後の列は従属変数になります。

参加者間要因が２つ

	A	B	C	D	E	F
1	変数名	参加者番号	参加者性別	相手の位置	パーソナルスペース	
2	データ読み込み	1	女	正面	42	
3		2	男	正面	100	
4		3	男	後ろ	180	
5	モデリングシート	4	女	正面	160	
6		5	男	横	118	
7		6	女	後ろ	66	
8		7	男	正面	115	
9		8	女	後ろ	37	
10		9	男	後ろ	60	
11		10	女	後ろ	27	
12	列幅の調整	11	男	横	38	
13		12	男	横	201	
14		13	女	後ろ	176	
15	数値計算	14	女	横	84	
16		15	男	後ろ	85	
17		16	男	正面	119	
18		17	男	後ろ	210	
19		18	女	正面	128	
20		19	女	正面	116	
21	HAD2R	20	男	横	240	
		21	女	後ろ	40	

分析方法

Step1 ● **モデリングシートで「使用変数」をクリック，使用する変数を指定し，OK をクリックします。**

ここでは，すべての変数を選択します。

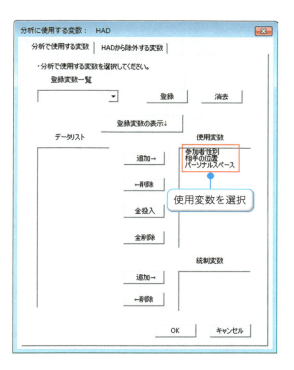

Step2 ● 中央上部の「回帰分析」にチェックを入れ，さらに左下の「分散分析」にチェックを入れます。

Step3 ● 目的変数を投入します。

　ここでは，「パーソナルスペース」を選択し，「目的変数を投入」をクリックします。

Step4 ● 前節までと同様に，「主効果を全投入」「交互作用を全投入」をクリックし，「スライス」の指定を行います。

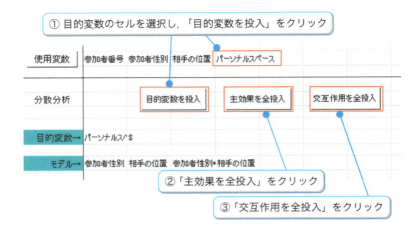

変数が正しく設定できたら,「分析実行」をクリックしてください。結果が「Anova」シートと「Slice」シートに出力されます。出力の解釈は今までと同じです。

7.7 結果の報告

結果で報告すべき統計量は1要因分散分析と同じです。例えば,7.4節で行った2要因分散分析の結果は,以下のように報告します。

参加者性別と相手の性別の2要因分散分析を行った結果，参加者性別の主効果（$F(1, 8) = 7.55, p = .025$）と，相手の性別の主効果（$F(1, 8) = 12.56, p = .008$）が有意となった。また，参加者性別と相手の性別の交互作用（$F(1, 8) = 10.68, p = .011$）も有意となった。下位検定の結果，女性参加者における相手の性別の単純主効果（$F(1, 8) = 23.20, p = .001$）が有意となり，異性へのパーソナルスペース（$M = 136.00$ cm, $SD = 28.23$）のほうが同性へのパーソナルスペース（$M = 81.80$ cm, $SD = 24.68$）よりも広かった。一方で，男性参加者における相手の性別の単純主効果は有意でなかった（同性：$M = 79.20$ cm, $SD = 3.56$; 異性：$M = 81.40$ cm, $SD = 17.26$; $F(1, 8) = 0.04, p = .850$）。

　実験を行った目的や仮説にもよりますが，交互作用が有意となった場合には，主効果よりも交互作用があったことを主張する書き方をするのが普通です（有意な主効果が得られたことが重要である場合もあるので一概には言えませんが）。交互作用を主張したい場合には，主効果について細かな内容（どちらの条件でよりパーソナルスペースが広かったか）を記述する必要はありません。条件によって影響が異なるのであれば，条件を無視して検討を行った結果である主効果の報告は意味がないからです。ただし交互作用が有意でない場合には，主効果の内容についての記述が必要となります。

　1要因分散分析のときと同様に，各条件の平均値や標準偏差（あるいは標準誤差）も報告します。条件が多くなりがちなので，図表にまとめることも多いです。

Column 2

要因計画（と分析計画）は実験の実施前に考える

　本文中ではデータ収集後に「参加者の性別」という要因も分析対象に追加したという表現になっています。実際，このような追加の分析を行うこともありますが，通常，結果に影響しうる要因については実験実施前にあらかじめ想定し，それらも含めて実験計画を立てます。このような複数の要因の影響を同時に検討しようとする研究計画のことを要因計画と言い，特に認知や知覚などの実験系心理学において重要です。

第 **8** 章

相関とその検定

POINT 相関係数（r）を算出し，2つの量的変数の関連を検討するための分析です。

8.1 相関関係とは

　さて，今まで平均値を比べる系統の分析（t検定や分散分析）を説明してきました。これらの分析は質的変数と量的変数の関連を検討している分析です。ここからは，量的変数間の関連性を検討する方法に焦点を当てます。第8章ではまず，基礎的な分析である相関について紹介します。

　この章ではパーソナルスペースから離れて，相手との親密度（仲のよさ）とその相手とのメール頻度の関連を考えてみましょう。例えば，参加者全員に自分の友人のうちの1人を思い浮かべてもらいます。そして，その人物との親密度（1: まったく仲よくない〜7: 非常に仲がよい）とメールをする頻度（1: まったくメールをしない〜7: 非常によくメールをする）を7段階の心理尺度を用いてそれぞれ回答してもらいます。こうすると，1人の参加者からその人物との親密度とメール頻度の2つの変数についてのデータを得ることができます。その2つの変数をそれぞれ縦軸・横軸とし，1人の参加者から得られたデータを1つの点で表したものが次の図です。これは散布図と呼ばれるもので，2つの変数間の関連を視覚的に理解できるようにしたものです。

第8章　相関とその検定　109

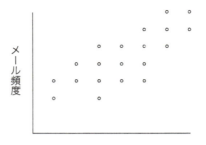

　この図を見ると，仲がよい人はメール頻度が高く，仲がよくない人はメール頻度が低いという親密度とメール頻度の関連性がわかります。このような，2つの量的変数間の規則的な関係性のことを相関関係と言います。

　規則的な関係性は，何も直線的な関係だけとは限りません。例えば，親密度とメールでやりとりする頻度の関係をもう少し考えてみましょう。あまり仲がよくない，顔見知り程度の人にはメールでやりとりしません。中くらいの仲のよさの友人や仲間であれば，気軽にメールを送り合う間柄かもしれません。さらに親密度が高まった場合には，逆に毎日会うような間柄なので，やはりメールをやりとりしないかもしれません。とすれば，この関係は直線ではありませんが，逆U字型の関係になります。このような関係でも，ある一方の変数が変化すればもう片方の変数も規則的に変化するという点で，相関関係があると言うことができます。

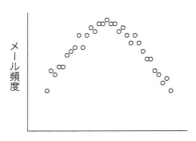

8.2 相関係数

相関関係の中でも直線的な相関関係については,その様相を知るためにPearsonの積率相関係数と呼ばれる指標が使われます(以後,相関係数と記述します)。相関係数は r で表記します。相関係数は以下のような特徴を持ちます。

(1) -1 から 1 の間の値をとる
(2) 数値のプラス・マイナスが**関係の方向性**を示す
　　　プラス($r > 0$)の場合:正の相関(右上がり)
　　　マイナス($r < 0$)の場合:負の相関(右下がり)
(3) 数値の絶対値の大きさが**関係の強さ**を示す
　　　$|r| = 1$ の場合:2変数が完全に線形に関係している
　　　$r = 0$ の場合:2変数に線形の関係はない(無相関)

さて,新しく出てきた関係の方向性と関係の強さについて,もう少し具体的に見てみましょう。次の図を見てください。直線的な関係といったときにも,右上がりの場合と右下がりの場合の2通りが考えられます。つまり,(i)片方の変数の値が大きくなると他方の値が大き

くなる場合と，（ii）片方の変数の値が大きくなると他方の値が小さくなる場合です。これを関係の方向性と呼びます。（i）の場合を正の相関と呼び，相関係数は正の値になります。（ii）の場合を負の相関と呼び，相関係数は負の値になります。

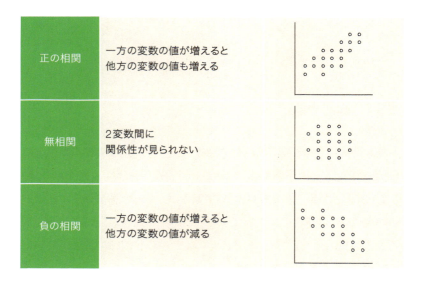

関係の強さについても，散布図を見て考えてみましょう。次の図を見てください。相関係数の絶対値が大きければ大きいほど，無数の点が1列に並んでいるのがわかると思います。一直線に並んでいる状態というのは，2つの変数が完全に関係している（最も関係が強い）状態です。1つの変数によって，もう1つの変数の値が完全に決まるという関係を示していることになります。2変数間の関係が弱くなるにつれて，点の散らばり方には規則性がなくなっていき，散布図は膨らんでいきます。関係の強さというのは，傾きではなく，散らばり具合であるということに注意してください。

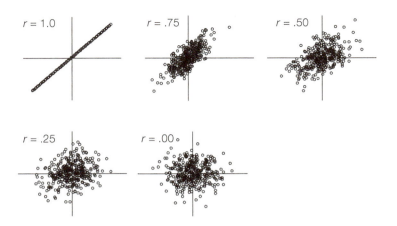

　注意してほしいのは，相関係数は2変数間の「直線的」な関係性しか示すことができないということです。8.1節でも述べた通り2変数間の規則的な関係には直線的でないものも存在します。しかし，相関係数を算出しても，非直線的な関係性についての検討を行うことはできません。例えば逆U字の関係について相関係数を算出しても相関係数の値は0に近い値になります。このような非直線的な関係がないかを確認するためにも，散布図が役に立ちます。非直線的な関係を検討したい場合には，他の分析を行う必要があります。

8.3 相関係数に対する有意性検定

　得られた相関係数が有意なものかを判断する方法が，無相関検定です。この検定では，「母集団において2変数の相関係数が0（すなわち無相関）である」ことを帰無仮説とし，この帰無仮説のもとである相関係数およびそれよりも極端な値が得られる確率（p値）を算出します。そしてp値が有意水準よりも小さい場合には，有意な相関があると判断します。

　なお，無相関検定もデータ数が多いほど，有意と判断されやすくな

ります。例えば，相関係数が .02 だとしても，データ数が 10000 あれば 5% 水準で有意と判断されます。これは，データ数が多いと，2 変数間の関連が弱くても，「相関係数が 0 である」とは言いにくくなるためです。しかし，いくら有意な相関があると言っても，相関係数 .02 の関連がどれほどの意味を持つのかと言われると難しいところです。そこで，相関係数においては，無相関検定に加え，以下のような基準（森・吉田 , 1990）での判断がなされることもあります。

.00 ≦ $|r|$ ≦ .20：ほとんど相関なし

.20 < $|r|$ ≦ .40：弱い相関あり

.40 < $|r|$ ≦ .70：比較的強い相関あり

.70 < $|r|$ ≦ 1.00：強い相関あり

8.4 相関に関する注意点

（1）相関関係と因果関係の違い

　相関関係とよく似た用語に因果関係があります。この 2 つは両者とも変数間の関係性を示すものであるという点では同じです。しかしこの 2 つは原因と結果の関係が明確かどうかという点において異なっています。このため，相関関係を見出したとしても，結果の解釈については注意が必要です。

　2 変数の内の一方が原因で他方が結果であるということが明らかな場合には，その 2 変数の関係は因果関係であると言えます。例えば，「前日の睡眠時間」が短い人ほど，「昼間の眠気」が強いという関係においては，「前日の睡眠時間」が原因となり，「昼間の眠気」という結果をもたらしていることが明らかです（昼間の眠気が前日の睡眠時間を短くするということは，時間軸上起こりえません）。つまり，2 変数

の間には因果関係があると言えるわけです。

　では，「親密度」と「メール頻度」の関係はどうでしょうか。一見，「親密度」が高いから「メール頻度」が高くなったという因果関係があるようにも見えます。しかし，「メール頻度」が高いことによって「親密度」が高くなっているという逆の因果関係も想定できます。また，「親密度」が高いから「メール頻度」が高くなるし，「メール頻度」が高いから「親密度」が高くなるといった双方向の関係性があるかもしれません。このように，どちらが原因でどちらが結果なのかが明らかではない場合には，相関関係があるとは言えますが，因果関係があるとは言えません。

　2変数の直線的な相関関係を示す相関係数においても，どちらの変数が原因で，結果なのかの区別はなされません。つまり，有意な相関が見られたとしても，理論的にそれが因果関係であることが確実でない限り，「親密度がメール頻度に影響した」といったような因果についての解釈を行ってはいけません。

（2）外れ値の影響

　例えば，次の図を見てください。白丸のデータだけで相関係数を算出すると .012 となり，有意な相関ではありません。一方で，右上の黒丸を1点加えると相関係数は .458 となり，有意な相関があると判断されてしまいます。このように，外れ値がある場合の相関係数は，実際の2変数の関係を適切に反映したものではなくなるため，外れ値を除いて分析をする必要があります。外れ値が存在していないかを確認するためにも，散布図が役に立ちます。

第8章　相関とその検定　　115

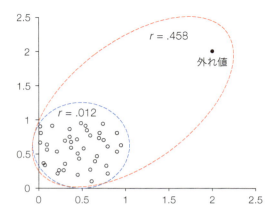

（3）擬似相関

　例えば、「ある日のアイスの売り上げ」と「熱中症の患者数」の2変数間の間に有意な正の相関が見られたとします。この相関から、アイスの売り上げが熱中症になる人数に影響する、あるいは熱中症になる人数がアイスの売り上げに影響する、という解釈をしてもよいのでしょうか。そう聞くと、なんだか納得しにくいと感じるかもしれません。

　それでは、この2つの変数の背後に「気温」という第3の変数が存在していると考えてみましょう。「アイスの売り上げ」も「熱中症の患者数」も「気温」の影響を同じように受けていると考えられます。つまり、「気温」が高ければ、「アイスの売り上げ」は増加し、また「熱中症の患者数」も増えると考えられます。一方で「気温」が低ければ、「アイスの売り上げ」は減り、「熱中症の患者数」も減るでしょう。すると、「アイスの売り上げ」と「熱中症の患者数」は、その日の気温によって同じような増減をすることになり、見かけ上の相関関係が成立します。このように、第3の変数の影響によって、本来は関連のない2変数の間に生じる相関関係のことを擬似相関と言います。

　擬似相関によって誤って関係を見出さないためには、まずは2変数が影響を及ぼし合う関係であるかどうか、理論的に検討することが必

要です。また，両変数に関係しうる第3の変数の影響を取り除いた**偏相関**という指標を算出することもあります。

8.5 HADを用いて相関係数を算出する

データの準備

同一参加者のデータを1行に配置します。

同一参加者のデータを1行に

	A	B	C	D
1	変数名	参加者番号	親密度	メール頻度
2	データ	1	1	2
3	読み込み	2	2	4
4		3	3	5
5	モデリング	4	4	5
6	シート	5	5	5
7		6	6	7
8		7	6	6
9		8	1	3
10		9	2	3
11	列幅の	10	5	6
12	調整	11	4	3
13		12	7	7
14		13	6	5
15	数値	14	7	6
16	計算	15	3	3
17		16	4	4
18		17	5	4
19		18	3	4
20		19	3	2
21	HAD2R	20	5	3

分析方法

Step1 ● 「使用変数」で使用する変数を指定し，OK をクリックします。

ここでは，「親密度」「メール頻度」を選択します。

第8章　相関とその検定　117

Step2 ● 左上にある「分析」をクリックし，出てきたダイアログボックスの「散布図」と「相関分析」にチェックを入れ，OK をクリックします。

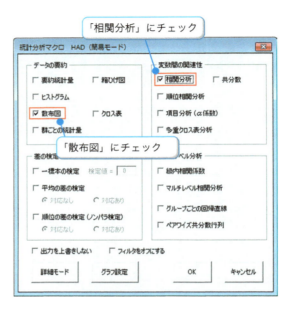

結果の表示

「Scatter」シートに散布図が，「Corr_test」シートに相関係数と無相関検定の結果が表示されます。

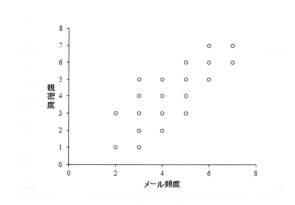

まず，「Scatter」シートで散布図を確認してください。ここでは，2変数間に直線的ではない規則的関係性が存在しないことや，外れ値の存在を確認します。

次に，「Corr_test」シートの「相関分析」の部分を確認します。2つの変数名の交差部分に表示されている数字が，2変数間の相関係数です。この場合，「親密度」と「メール頻度」の相関係数は .775 となります。「相関分析」部分の相関係数の右肩に表示されている「*」と，「検定統計量（t 値）と有意確率」部分の「p 値」「自由度」が，無相関検定の結果です。この場合，p 値は .000，つまり .001 よりも小さく，自由度は 18 です。

なお，「Scatter」シートにおいても，相関係数が出力されます。

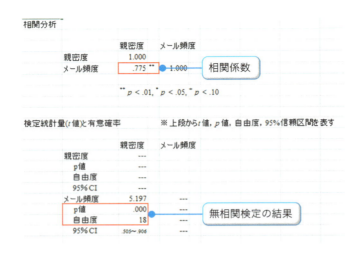

8.6 結果の報告

以下は 8.5 節で行った相関分析の結果の報告例です。

> 親密度とメール頻度との間には有意な正の相関が見られた（$r(18) = .775, p < .001$）。

報告すべき統計量は相関係数ですので，r（斜体）で報告します。通常，「r（自由度）= 相関係数，p = 確率」というように，自由度と相関係数，確率を報告します。

これまでの検定と違って，相関係数の検定は条件間の差を求める検定ではありません。このため，「有意差があった」という報告の仕方はせず，単に「有意であった」などと報告します。これは，変数間の関係性について検討を行う分析（第9章単回帰分析，第10章重回帰分

析）でも同様です。

第
0
章

第
1
章

第
2
章

第
3
章

第
4
章

第
5
章

第
6
章

第
7
章

第
8
章

第
9
章

第
10
章

第
11
章

第
12
章

単回帰分析

POINT ある1つの量的変数がもう一方の量的変数をいかに予測するかを検討するための分析です。

9.1 単回帰分析とは

　さて，この章ではとある会社の営業マンの営業成績を予測することを考えてみましょう。この会社の社長である正さんは新入社員を採用するにあたり，営業成績を左右する能力，つまり「営業成績を予測する能力」が何であるかを知りたいと考えました。営業成績をよく予測する能力とは，その能力が高ければ営業成績がよく，逆にその能力が低ければ営業成績が悪い，といった，営業成績と深く関連する能力のことです。どの能力がうまく将来の営業成績を予測するのかがわかれば，その能力の高い人を雇えばよいということになります。正さんは，営業マンの様子を観察したりデータを眺めたりして，どうも対人的な魅力の高い営業マンが顧客を魅了して営業成績がよさそうだという印象を受けました。この印象の正しさを確かめるためにはどうすればよいでしょうか。

　このような場合，単回帰分析を行います。第8章の相関分析は，2つの量的変数の直線的関係を検討するものでした。同様に，単回帰分析も2つの量的変数間の関係を検討する分析方法です。一方で相関とは異なり，単回帰分析ではある方向で因果関係があることを仮定します。つまり，t検定や分散分析と同様に，独立変数と従属変数が存在し，

原因となっている変数（独立変数）で結果となっている変数（従属変数）を予測（説明）しようとするときに使います。なお，多くの場合，回帰分析では前者を説明変数，後者を目的変数と呼びます。

単回帰分析は，2つの変数の関係を1次関数で表します。1次関数とは，$y = bx + a$ の式で表される関数です。

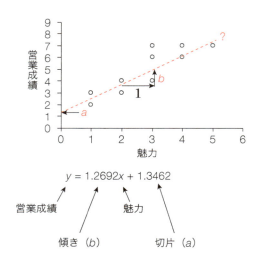

この b（傾き）と a（切片）の値を求め，x（説明変数）の値で y（目的変数）の値がどのように変わるのかを求めます。この式を回帰式と呼びます。そしてこの傾きのことを回帰係数と言います。一方で，目的変数と説明変数が異なるものである限り，目的変数を説明変数で完全に予測することはほぼ不可能ですから，回帰式で予測された目的変数の値と実際の目的変数の値には差が生じます。この差は**残差**と呼ばれます。

単回帰分析と第 10 章で説明する重回帰分析と合わせて，**回帰分析**と呼びます。回帰分析の目的は2つあります。第1の目的は，「回帰式（研究者が考えたモデル）がどの程度うまくデータを説明するかを

評価すること」です。第2の目的は，「ある1つの説明変数が目的変数を予測するのにどの程度役に立つかを知ること」です。今の時点では説明変数が1つだけですのであまりぴんと来ないかもしれませんが，重回帰分析を勉強した後には，これらの目的がもう少し腑に落ちると思いますので，今は適当にふぅんと流してもらっても大丈夫です。

9.2 HADで単回帰分析を行う──「散布図」の機能を使う

HADでは，散布図の機能を使うと，回帰式が出力されます。直観的に理解しやすいと思いますので，まずはこの方法でやってみましょう。

データの準備

1行につき1参加者になるように，変数を並べます。

同一参加者のデータを1行に

	A	B	C	D
1	変数名	参加者番号	魅力	営業成績
2	データ読み込み	1	1	5
3		2	5	8
4		3	3	4
5		4	5	6
6	モデリングシート	5	4	3
7		6	1	1
8		7	3	5
9		8	4	6
10		9	5	6
11		10	3	3
12	列幅の調整	11	3	5
13		12	4	2
14		13	5	4
15		14	1	4
16	数値計算	15	3	1

第9章　単回帰分析　125

分析方法

Step1 ● 「使用変数」をクリックし，使用する変数を指定します。

　ここでは，目的変数となる「営業成績」と説明変数となる「魅力」を選択します。先に目的変数となる変数を，後に説明変数となる変数を設定するようにします。「OK」をクリックすると「使用変数」が設定されます。「使用変数」欄に，左側に目的変数（ここでは「営業成績」），右側に説明変数（ここでは「魅力」）が表示されていることを確認してください。

Step2 ● 左上にある「分析」をクリックします。ダイアログボックスが開いたら,「散布図」をクリックし,最後に「OK」をクリックします。

結果の表示

結果は「Scatter」シートに表示されます。まず，散布図が表示されます。外れ値がないかどうか確かめておきましょう。

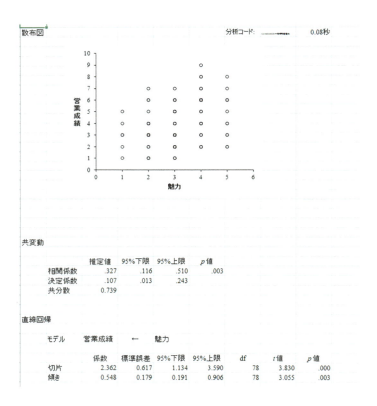

下にスクロールすると，単回帰分析の結果が表示されています。

ここで注目してほしいのは，一番下の行に表示されている回帰式です。「営業成績＝2.362+0.548*魅力＋残差」と表示されています。これは，営業成績は，切片が2.362，傾きが0.548の魅力の1次関数（直線）でだいたい予測することができる，ということを表しています。つまり，魅力が1点だったら，営業成績は，2.362＋0.548*1 = 2.910です。魅力が2点だったら，2.362＋0.548*2 = 3.458です。このように，単回帰分析は目的変数を予測する1次関数のモデルを作ろうとする分析です。

なお，回帰式の上に表示されているモデルや統計量の見方については，後ほど説明します。

9.3 HADで単回帰分析を行う ── 「回帰分析」の機能を使う

もちろん回帰分析の機能を使って単回帰分析を行うことも可能です。参加者間要因の分散分析とよく似ています。ここまで読んできた皆さんなら簡単にできるはずです。なお，データは9.2節と同じデータを使います。

分析方法

Step1 ●「使用変数」をクリックし，使用する変数を指定します。

ここでは，説明変数となる「魅力」と目的変数となる「営業成績」を選択します。

Step2 ● 右上の「回帰分析」と，下にある「回帰分析」の両方を選択します。

図のような画面になっていることを確認してください。

第9章 単回帰分析　129

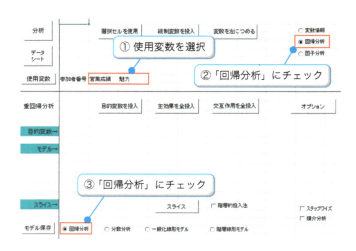

Step3 ● 目的変数を選択し,「目的変数を投入」をクリックします。

ここでは,「営業成績」を選択して「目的変数を投入」をクリックします。

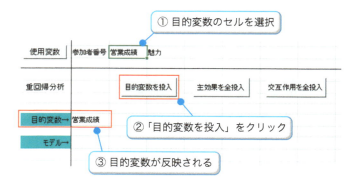

Step4 ●「主効果を全投入」をクリックして, 目的変数以外を説明変数に設定します。

ここでは,「魅力」がモデルの横に設定されることを確認してください。

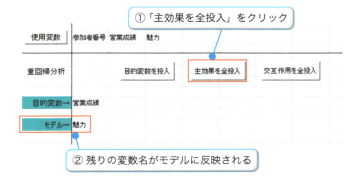

準備ができたら分析実行をクリックします。

結果の表示

それでは結果を見てみましょう。結果は「Reg」シートに表示されます。

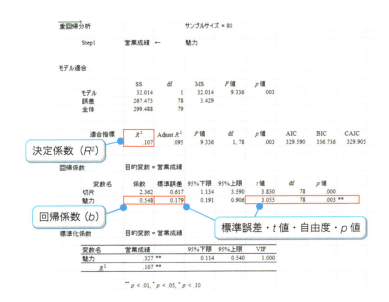

決定係数 (R^2)：目的変数の分散（ばらつき）のうち，どのくらいの割

合をモデル（説明変数と切片）が説明できているかを表します。だいたい 0 から 1 の間におさまり，1 に近いほどばらつきを説明できている（＝モデルがよい）ということになります。

回帰係数（b）：その説明変数の値が 1 増えたときに，目的変数がどれだけ大きくなるかを表した数値です。今回の結果では，魅力得点が 1 点増えると，営業成績が 0.55 増加するという関係になっています。

標準誤差（SE）：推定における誤差の大きさです。

df：自由度です。

t 値：上記から求められた t 値です。

p 値：得られた t 値以上の値が偶然得られる確率です。p 値が 5%（.05）未満の場合，説明変数が目的変数に有意に影響すると判断します。

9.4 結果の報告

> 　対人的な魅力を説明変数，営業成績を目的変数として回帰分析を行った。この結果，対人的な魅力は営業成績を有意に予測していた（$R^2 = .11$, $b = 0.55$, $SE = 0.18$, $t(78) = 3.06$, $p = .003$）。

単回帰分析では，決定係数，回帰係数，標準誤差，t 値，p 値を報告します。決定係数は回帰分析の第 1 の目的であるモデルの当てはまりのよさを，それ以外の統計値は第 2 の目的である説明変数の影響の強さを示しています。

重回帰分析

POINT 複数の量的変数によって,ある1つの量的変数がいかに予測されるかを検討するための分析です。

10.1 重回帰分析とは

　第9章と同様に,営業成績に影響を与える営業マンの能力が何であるかを調べることを考えてみましょう。引き続き調査を行っていた正さんは,対人的な魅力(=魅力的な人ほど営業成績がよい)以外にも,誠実さ(=まじめな人ほど営業成績がよい)と社交性の高さ(=口のうまい営業マンほど営業成績がよい)も営業成績を予測しそうだと考えました。どの変数が問題となっている変数を予測するのか,またどの変数の影響が最も強いのかを調べるためには,これから説明する重回帰分析を使います。

　重回帰分析は第9章で扱った単回帰分析と同様,変数間の関係を扱う分析です。基本は単回帰分析と同じですが,複数の説明変数の影響を同時に検討するものが重回帰分析と呼ばれます。目的変数は単回帰分析と同様に1つです。

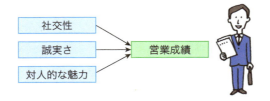

回帰式は単回帰分析をバージョンアップした形になります。単回帰分析と同様に，$b_1 \sim b_n$（係数）とa（切片）の値を求め，$X_1 \sim X_n$（説明変数）の値でy（目的変数）の値がどのように変わるのかを求めます。単回帰分析ではbを回帰係数と呼びましたが，重回帰分析では$b_1 \sim b_n$を偏回帰係数と呼びます。

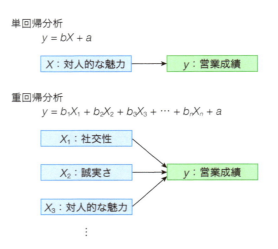

　重回帰分析を考えると，第9章で説明した回帰分析の2つの目的がどういう意味を持つかがわかると思います。第1の目的である「どの程度，回帰式（研究者が考えたモデル）がうまくデータを説明するか」は，説明変数をどう組み合わせれば最もうまくデータを説明できるか，ということです。単回帰分析では説明変数は1つでしたが，重回帰分析では研究者が理論に基づいて任意で複数の説明変数を選び，組み合わせて，モデルの正しさを検討します。どの変数を選ぶかは，ある意味，研究者が自由に決めることになりますので，ひょっとするとデータとかけ離れた組み合わせを作ることもあるかもしれません。例えば今回，正さんは営業成績に影響する変数として「対人的な魅力」，「社交性の高さ」，「誠実さ」の3つの変数を選びましたが，実は「社交性

の高さ」と「誠実さ」の2つの変数を組み合わせるだけで営業成績は十分に説明できるかもしれません。あるいは3つの変数すべてを使っても営業成績が十分に説明できないという可能性もあります。このように，研究者のモデルはデータをよく説明できているか，ひいては研究者の仮説は正しいか，を評価することが重回帰分析の第1の目的です。そして第2の目的である「ある1つの説明変数が，目的変数を予測するのにどの程度役に立つか」というのは，複数ある説明変数のうち，どれが影響するのか，またその影響の強さはどれだけかを明らかにしたい，ということになります。

　さて，複数の説明変数の影響を検討するのに相関ではなく重回帰分析を使うのはなぜか，疑問に思った人もいるかもしれません。複数の変数間の関連を見たいのであれば，2変数を別々に組み合わせて相関係数で検討してもよさそうです。複数の説明変数を同時に投入して変数の効果の大きさを検討することと，それぞれの相関を見ることとの間には，どのような違いがあるのでしょうか。

　ここでのポイントは，重回帰分析での偏回帰係数は「他の説明変数を一定の値にしたときに，問題となっている変数が単独でどの程度影響するか」を表している，ということです。つまり重回帰分析では，説明変数同士が共有して持っている効果の部分を取り除いて検討することが可能です。先ほどの例で考えてみると，例えば社交性の高い人は対人的にも魅力的であると考えられます。この場合，それぞれの変数と営業成績の相関係数を計算すると，どちらにも正の相関が見られると考えられます。しかし重回帰分析に同時に社交性と対人的な魅力を説明変数として投入すると，対人的な魅力のうち，社交性で説明できる部分を取り除いた効果の部分が取り出されます。もし対人的な魅力の営業成績への効果の大部分が社交性の効果で説明できるのであれば，2つの変数を同時に投入した場合には魅力の有意な効果は見られなくなります。

第10章　重回帰分析　135

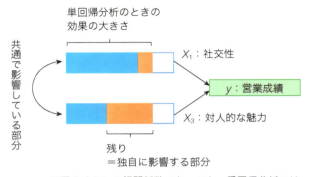

※同じくらいの相関係数であっても，重回帰分析では一緒に投入された変数の影響を受ける

　ですから，関連のありそうな変数を投入しても効果が有意なままであれば，投入したほかの要因では説明できないという意味で，仮説を主張しやすくなります。このとき，結果は**「頑健である」**とか，**「ロバストである」**などと言います。逆に，ある変数を投入することで効果が有意でなくなるのであれば，問題となっている要因の効果は別の要因で説明できる可能性が高くなります。つまり，対人的な魅力と営業成績の間に正の相関が見られたのは，対人的な魅力が高い人は社交性が高いからであって，別に魅力的であるから営業成績がよいわけではない，ということです。このようなほかの変数の影響を一定にして，問題となっている変数の効果を調べる方法を**「統制する」**，あるいは英語そのままに**「コントロールする」**と言います。また，統制するために使われた変数のことを**統制変数**と呼びます。心理学の論文ではよく出てくる用語なので，覚えておくとよいと思います。

10.2　多重共線性の問題

　あまりに説明変数同士が強く関連している場合には，重回帰分析の結果が不安定になることが知られています。ここでいう「結果が不安

定になる」というのは、分析をやるたびに結果が変わる、ということではなくて、例えば直感と反する結果が得られたり（正負が逆転したり）、本当は効果があるのに効果がないように見えたりする現象が起きやすいということです。変数の関連が強い状況を多重共線性と呼びます。相関が.80以上だったり、多重共線性の指標であるVIFが10より大きかったりする場合には問題が生じる可能性が高いとされています（なお、この値は目安であって絶対的な基準ではありません）。

対処法として、関連の高い説明変数を分析から抜いて1つの変数のみにする、まとめて1つの変数にする、という手段が推奨されています。一方で、多重共線性が生じていても分析モデル全体の予測力には影響しないことから、積極的に対処を行うよりも仮説に基づいたモデルのまま分析したほうがよいとする立場もあります。

10.3 HADで重回帰分析を行う

さて、それではHADを使って重回帰分析を行ってみましょう。ここでは営業成績を予測する要因を調べてみます。やり方は単回帰分析と同じです。

データの準備

第9章で用いた単回帰分析のデータに、「社交性」「誠実さ」を加えたものです。データの配列はほぼ同じです。

同一参加者のデータを1行に

	A	B	C	D	E	F
1	変数名	参加者番号	社交性	誠実さ	魅力	営業成績
2	データ読み込み	1	3	1	1	5
3		2	4	4	5	8
4		3	3	1	3	4
5		4	3	3	5	6
6	モデリング	5	3	5	4	3

第10章 重回帰分析　137

分析方法
Step1 ● 「使用変数」で使用する変数を指定します。

　ここでは，説明変数となる「社交性」「誠実さ」「魅力」と目的変数となる「営業成績」を選択します。

Step2 ● 右上の「回帰分析」と，下にある「回帰分析」の両方を選択します。

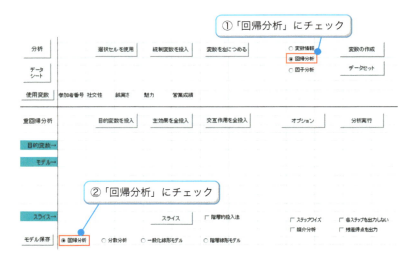

Step3 ● 目的変数を選択し，「目的変数を投入」をクリックします。

　ここでは，「営業成績」を選択して「目的変数を投入」をクリックします。

Step4 ●「主効果を全投入」をクリックし，目的変数以外を説明変数に設定します。

ここでは，「社交性」「誠実さ」「魅力」がモデルの横に設定されることを確認してください。

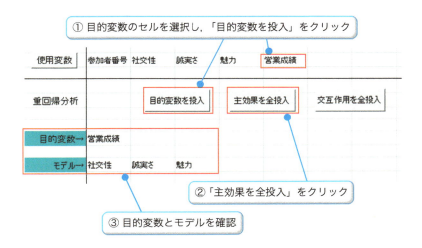

準備ができたら，分析実行をクリックしましょう。

結果の表示

結果を確認してみましょう。結果は「Reg」シートに表示されます。

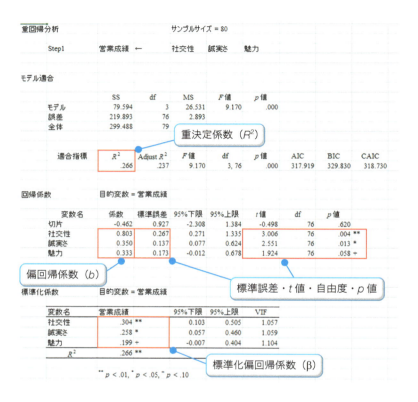

重回帰分析の第1の目的である「どの程度モデルがうまくデータを説明しているか」は，適合度の指標である R^2 を確認します。なお，重回帰分析で出力される R^2 は，**重決定係数**と呼ばれます。「この値より大きいからこのモデルは正しい」といった絶対的な基準はありませんが，R^2 が大きいほど当てはまりがよいことになります。

第2の目的である「どの変数の影響が強いか」を確かめるためには，ただの偏回帰係数（b）ではなく，**標準化偏回帰係数**（β）を比較します。偏回帰係数は，ある説明変数の値が1増えたときに目的変数が増

える量を表しているので，その説明変数の単位の影響を受けてしまうからです。例えば，同じ距離のデータであっても単位を cm に設定して回帰式に投入するときと m で投入するときとで偏回帰係数の値は 100 倍異なります。また，社交性は 5 点満点の尺度で，誠実さが 10 点満点の尺度であるといったような場合には，説明変数の「1 点増える」の意味が違ってくるでしょう。このため，たとえ偏回帰係数が同じ値だったとしても，その影響の大きさが同じとは言い切れません。標準化偏回帰係数は，各データを標準化した値で分析を行った場合に得られる値で，このような単位の影響を受けません。このため，説明変数間で影響の大きさを比較することが可能です。

今回の結果では，魅力と営業成績は第 9 章と同じデータを使っていますが，誠実さと社交性が説明変数として投入されているために，有意であった魅力の効果が以前と比べて小さくなり，非有意になっています。

Tips 標準化とは？

標準化とはある変数の各データについて，平均値を引いて標準偏差で割る操作のことです。標準化によって，どんな変数でも平均値を 0，標準偏差を 1 に揃えることができます。このため，異なる単位や異なるばらつきの変数であっても比較が可能になります。標準化して算出された得点は標準得点と呼ばれます。試験などでよく聞く偏差値も，標準得点を活用した指標です。

10.4　結果の報告

　対人的な社交性，誠実さ，魅力を説明変数，営業成績を目的変数として重回帰分析を行った。この結果，予測通り，社交性と誠実さは営業成績を有意に予測していた（$R^2 = .27$; 社交性：$b = 0.80$, $SE = 0.27$, $\beta = .30$, $t(76) = 3.01$, $p = .004$; 誠実さ：$b = 0.35$, $SE = 0.14$, $\beta = .26$, $t(76) = 2.55$, $p = .013$）。対人的な魅力については有意な影響が見られなかった（$b = 0.33$, $SE = 0.17$, $\beta = .20$, $t(76) = 1.92$, $p = .058$）。

　重回帰分析では，重決定係数（R^2），偏回帰係数（b），標準誤差（SE），標準化偏回帰係数（β），t 値，p 値を報告します。また，通常，重回帰分析の結果とは別に基礎データとして変数間（説明変数・目的変数）の総当たりの相関係数も報告します。重回帰分析では一緒に投入した変数の影響を受けてしまうので，単体ではどの程度関連しているかを報告する必要があります。

10.5　交互作用項を入れる場合（階層的重回帰分析）

　ここで，営業成績に対する社交性と誠実さの交互作用効果を考えてみましょう。社交性も誠実さも両方ないという人は，営業成績はよくなさそうです。しかし社交性は低いけれども誠実さだけが高い人というのはうまく営業できなさそうですし，逆に社交性だけが高くて誠実ではない人というのもうさんくさく見えそうです。ですから，どちらか片方だけがよくても営業成績は上がらなそうな感じがします。誠実さも社交性も高い人だけが営業成績がよいのではないでしょうか。こ

の仮説をまとめると，以下のような図になります。

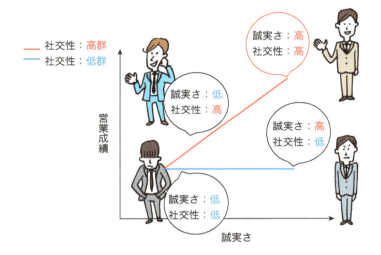

　今回の仮説をまとめると，「社交性が低い場合には，誠実さの効果はない（＝誠実さが低かろうが高かろうが営業成績は変わらない）。一方，社交性が高い場合には，誠実さの効果がある（誠実さが低い場合よりも高い場合に営業成績が上がる）」になります。このようにまとめると，「条件によって効果が異なる」という交互作用を仮定しているということがわかるかと思います。

　重回帰分析でも，分散分析と同様に交互作用の検討ができます。分散分析と違うのは，独立変数が名義尺度ではなく，連続した量的変数である点です。このため重回帰分析では，問題となっている変数の得点が相対的に高い場合と低い場合（通常，平均値 ±1SD）を「条件」とし，それぞれの「条件」における他の変数の偏回帰係数の値を求めます。先ほどの例で言えば，社交性が低い場合（平均値 −1SD）と高い場合（平均値 +1SD）で，誠実さが営業成績に与える影響について，それぞれ偏回帰係数を求めることになります。平均値 ±1SD を「条件」

として設定するというのは慣習的なものなので，理論的な背景があれ
ば，平均値 ±2SD に設定したり特定の値にしたりしても構いません。

　交互作用項を含んだ重回帰分析を行う場合には，説明変数を中心化
して投入する（平均値を引いた値を投入する）のが一般的です。これ
は，交互作用項をそのまま重回帰分析に投入すると，もとの変数との
相関が強くなり，多重共線性の問題が生じやすくなるためです。HAD
では，**交互作用項を含むモデルが検討される場合には中心化した変数を
分析に使うのが初期設定になっています**（設定を変えることも可能で
す）。

　また，正式には，まず主効果のみを含んだ分析を行い，その後，交
互作用項を含んだ分析を行う，という手順を踏みます。このように段
階的に変数を投入することで，新たに投入した変数によってどの程度
予測力が上がるのか，つまり新たな変数にどの程度効果があるのかを
検討することができます。「段階的に変数を投入する方法」を階層的投
入法と言います。

10.6 ● HADで交互作用項を含んだ重回帰分析を行う

　データは 10.3 節と同じものを使用します。手続き自体はあまり変わ
りませんが，いくつか注意点があります。

分析方法

Step1 ●「使用変数」で使用する変数を指定します。

　ここでは，説明変数となる「社交性」「誠実さ」と目的変数となる「営
業成績」を選択します。

Step2 ● 右上の「回帰分析」と，下にある「回帰分析」の両方を選択します。さらに，「階層的投入法」にチェックを入れます。

「Step5 →」までモデルを作ることができるようになります。

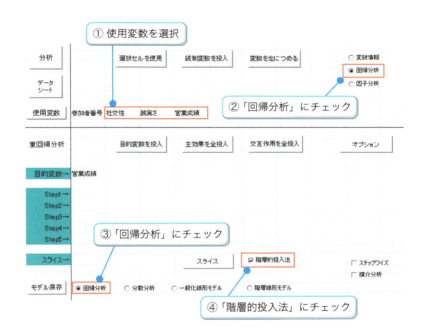

Step3 ● 目的変数を選択し，「目的変数を投入」をクリックします。

ここでは，「営業成績」を選択して「目的変数を投入」をクリックします。

Step4 ●「主効果を全投入」をクリックします。

「社交性」と「誠実さ」が画面の「Step1 →」の横に設定されることを確認してください。

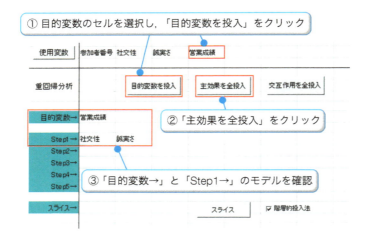

Step5 ● さらに「交互作用を全投入」をクリックします。

「社交性＊誠実さ」が「Step2 →」の横に表示されます。この交互作用項の書き方は分散分析のときと同じです。直接入力することもできます。

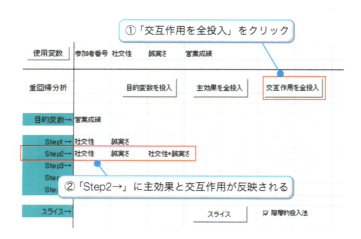

Step6 ● スライスを設定します。

　分散分析のときと同じように群分けしたい変数名を選択し、「スライス」をクリックします。ここでは「社交性」を選択し、「スライス」をクリックします。

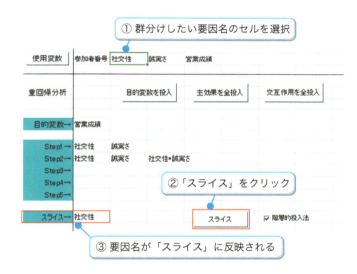

　準備ができたら「分析実行」をクリックします。

注意点

（1）3 枚以上のシートに結果が出力されます。これは、「Step ごとの重回帰分析の結果モデルの比較」「スライスの結果」が出力されるためです。

（2）交互作用項を含むときは、説明変数は初期設定では中心化されて（＝平均値が引かれて）います。

（3）スライスは初期設定では平均値 ±1SD に設定されています。

結果の表示

　さて、結果を見てみましょう。「Step2」までモデルを設定した場合

には，「Step2」までの2つの重回帰分析の結果（「Step1」「Step2」
シート）とモデルの比較（「HRA」シート），今回はスライスを設定し
たので「Slice」シートにスライスの結果が表示されます。

「Step1」と「Step2」はいつもの重回帰分析の結果です。「Step2」
で投入した交互作用項が有意であることがわかります。

重回帰分析　　　　　　　　　　　　サンプルサイズ = 80

Step2　　　　営業成績 ←　　　社交性　　誠実さ　　社交性*誠実さ　　　　　Step2 の結果

モデル適合

	SS	df	MS	F値	p値
モデル	82.161	3	27.387	9.577	.000
誤差	217.327	76	2.860		
全体	299.488	79			

適合指標	R^2	Adjust R^2	F値	df	p値	AIC	BIC	CAIC
	.274	.246	9.577	3, 76	.000	316.980	328.890	317.791

回帰係数　　　　　目的変数 = 営業成績

変数名	係数	標準誤差	95%下限	95%上限	t値	df	p値
切片	4.096	0.190	3.717	4.474	21.551	76	.000
社交性	0.748	0.270	0.210	1.287	2.768	76	.007 **
誠実さ	0.389	0.134	0.123	0.655	2.909	76	.005 **
社交性*誠実さ	0.382	0.177	0.029	0.736	2.154	76	.034 *

※ 交互作用項が含まれているので，説明変数はすべて中心化しています。

標準化係数　　　　　目的変数 = 営業成績

変数名	営業成績		95%下限	95%上限	VIF
社交性	.283	**	0.079	0.487	1.096
誠実さ	.286	**	0.090	0.482	1.015
社交性*誠実さ	.220	*	0.017	0.423	1.093
R^2	.274	**			

** $p < .01$, * $p < .05$, † $p < .10$

「HRA」シートを見てみると，2つのモデルの結果がまとめられてい
ることがわかります。ここで大事なのは，ΔR^2 です。交互作用項を入
れることによって，どの程度モデルの当てはまりがよくなったか，つ
まりモデルが改善されたかが示されています。この数値は Step2 の R^2
から Step1 の R^2 を引いた値です。この数値が十分に大きければ（有
意であれば），その説明変数をモデルに入れたほうがよい，ということ
になります（今回は「社交性 * 誠実さ」の交互作用項です）。p 値の列

を確認して，有意であるかどうかを確認しましょう。

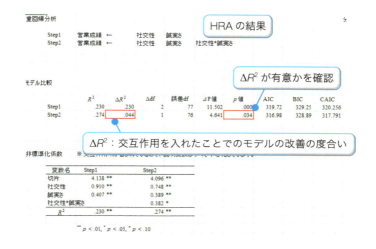

最後に「Slice」シートを確認しましょう。

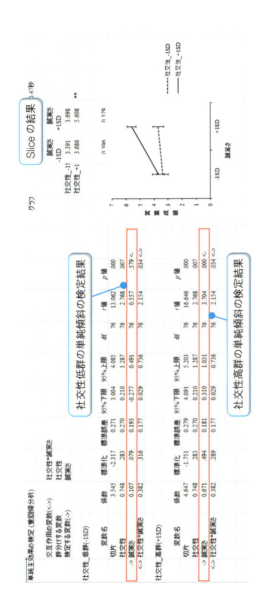

交互作用効果：左に←→があるところは交互作用効果です。Step2 で行った重回帰分析と数値が変わらないことを確認してください。

単純傾斜の検定：左に→があるところが見たいところです。社交性低群，つまり社交性が平均よりも $1SD$ 低い場合には誠実さの効果が見られず，社交性高群，つまり社交性が平均よりも $1SD$ 高い場合には誠実さの効果が有意であることがわかります。グラフも参照してください。おおむね，仮説は支持されたようです。

10.7　交互作用項を含んだ重回帰分析の結果の報告

　社交性，誠実さ，社交性と誠実さの交互作用を説明変数，営業成績を目的変数として階層的重回帰分析を行った。まず社交性と誠実さを説明変数とした重回帰分析を行った結果，社交性と誠実さの効果がともに有意であった（$R^2 = .23$; 社交性：$b = 0.91$, $SE = 0.27$, $\beta = .34$, $t(77) = 3.43$, $p < .001$; 誠実さ：$b = 0.41$, $SE = 0.14$, $\beta = .30$, $t(77) = 2.98$, $p = .004$）。さらに交互作用項を投入して重回帰分析を行ったところ，交互作用が有意であった（$R^2 = .27$, $b = 0.38$, $SE = 0.18$, $\beta = .22$, $t(76) = 2.15$, $p = .034$）。このため単純傾斜の検定を行ったところ，社交性が低い群では誠実さの効果が見られなかったが（$b = 0.11$, $SE = 0.19$, $t(76) = 0.56$, $p = .579$），社交性の高い群では誠実さがより営業成績を高めていた（$b = 0.67$, $SE = 0.49$, $t(76) = 3.70$, $p < .001$）。これらは仮説を支持する結果であった。

　階層的投入法を用いる場合には数値が多くなりがちなので，以下のように表を使ってまとめる方法もよく用いられます。

変数名	モデル1			モデル2		
	b	SE	β	b	SE	β
切片	4.14	0.19	-	4.10	0.19	-
社交性	0.91	0.27	.34***	0.75	0.27	.28**
誠実さ	0.41	0.14	.30**	0.39	0.13	.29**
社交性×誠実さ				0.38	0.18	.22*
R^2	.23***			.27***		

$^*p < .05, \,^{**}p < .01, \,^{***}p < .001$

Column 3

ダミー変数

　通常，独立変数（説明変数）が質的変数の場合には分散分析を使いますが，量的変数の場合には回帰分析を使います。それでは量的変数と質的変数が含まれている場合はどうすればよいのでしょうか。答えは「質的変数を量的変数に変える」です。例えば性別のように，質的変数がＡとＢの２条件である場合には，変数に「Ａ，Ｂ」と振ってあるものについて，それぞれ「0，1」という形で数値を振り直します。３条件以上の場合は少し難しくなります。例えば，「地域」という，「アジア，ヨーロッパ，北アメリカ，南アメリカ，アフリカ，オセアニア」と６つのカテゴリに分かれている変数を考えてみましょう。この場合には新たに「アジア」という変数を作り，「1, 0, 0, 0, …」というように，アジアに該当する場合には1を，該当しない場合には0を割り当てます。さらに「ヨーロッパ」という変数を作り，「0, 1, 0, …」というように，ヨーロッパに該当するデータには1を，該当しないデータには0の数字を割り当てます。同様に「北アメリカ」，「南アメリカ」，「アフリカ」についても変数を作ります。最後のカテゴリであるオセアニアには変数を作りません。なぜなら，ほかの５つの変数ですべて0である場合，そのデータがオセアニアであることが自明だからです。こうすると回帰分析の説明変数として投入することが可能になります。

アジア	ヨーロッパ	北アメリカ	南アメリカ	アフリカ	
1	0	0	0	0	⇒ アジア
0	1	0	0	0	⇒ ヨーロッパ
0	0	1	0	0	⇒ 北アメリカ
0	0	0	1	0	⇒ 南アメリカ
0	0	0	0	1	⇒ アフリカ
0	0	0	0	0	⇒ オセアニア
1	0	0	0	0	
0	0	0	0	1	
0	1	0	0	0	
0	1	0	0	0	
0	0	0	0	1	
0	1	0	0	0	
0	0	0	1	0	
0	0	0	0	0	
0	0	0	0	1	
0	0	0	0	1	
1	0	0	0	0	
0	0	1	0	0	
0	1	0	0	0	
0	0	0	0	1	
0	1	0	0	0	
1	0	0	0	0	
0	0	0	1	0	
0	0	0	0	1	

　素直に「0, 1, 2, …」といった形で数字を割り当てればいいじゃないかと思う人もいるかもしれませんが，そうするとカテゴリ間に順序を仮定することになります。順序を仮定しない場合には，このように，それぞれのカテゴリを2値に変換する作業が必要になります。このような変数をダミー変数と呼びます。

10.8 ちょっと進んだ分析 —— 媒介分析

　重回帰分析には，ほかの説明変数で説明できる効果が除かれた状況で説明変数の効果を検討することができるという特徴がありました。こ

の特徴を応用した分析の1つに，媒介分析と呼ばれる分析方法があります。媒介分析は，変数間の因果関係を仮定したモデルを検証するときによく使われます。

例として，なぜ社交性の高さが営業成績を予測していたのか，そのプロセスをもう少し具体的に考えてみます。例えば，社交性の高い人は対人的な魅力が高く，客がその魅力にメロメロになってしまうので営業成績がよくなっていたのかもしれません。だとすれば，①社交性の高い人ほど営業成績がよい（社交性→営業成績），という関係とともに，②社交性の高い人ほど対人的な魅力が高い（社交性→魅力），③対人的な魅力が高いほど営業成績がよい（魅力→営業成績）という関連が3つの変数の間に見られることが予測されます。そして，「社交性→営業成績」という関係の中で，もし対人的な魅力が重要な役割を果たしているのであれば，④対人的な魅力の高低を一定に，つまり変わらないようにしてしまえば，社交性の高さは営業成績とは関わらなくなる，という結果が得られるはずです。このような，2つの変数の関連に別の変数が関わっているかどうかを検討するのが媒介分析になります。このとき，ある説明変数（ここでは「社交性」）の目的変数（ここでは「営業成績」）に対する影響を媒介する変数（ここでは「対人的な魅力」）を媒介変数と呼びます。

媒介分析では，媒介変数があるときとないときのモデルの検討を行います。

（1）媒介変数がないときのモデルで確認すること

まず「社交性が高い人ほど営業成績がよい」という，説明したい現象が見られるかどうかを検討します。具体的には，営業成績を目的変数に，社交性を説明変数に投入した単回帰分析を行い，①社交性が営業成績を予測するかを確かめます（社交性→営業成績）。

(2) 媒介変数があるときのモデルで確認すること

次に，この単回帰分析のモデルに魅力を媒介変数として投入した場合のモデルが統計的に支持されるかどうかを検討します。もっとも基本的な媒介分析のモデルでは，回帰分析を2回行います。まず，魅力を目的変数に，社交性を説明変数に投入した単回帰分析を行い，②社交性が魅力を高めるかどうかを検討します（社交性→魅力）。そして，（1）で行った単回帰分析に魅力を新たに説明変数として加えた重回帰分析を行い，まずは③魅力が営業成績を予測するかどうか（魅力→営業成績）を確認します。この際，新たに投入した変数による効果は統制されるため，この分析で，④社交性が営業成績に及ぼす効果が小さくなっているかどうかを確認します。

社交性が営業成績のばらつきを直接説明する程度（社交性→営業成績）を**直接効果**，社交性が魅力を経て営業成績のばらつきを説明する程度（社交性→魅力→営業成績）を**間接効果**と呼びます。間接効果が有意であるかどうかが，媒介効果があるかどうかを判断する際の重要なポイントとなります。間接効果についてはいくつか検定の方法があります。以前は Sobel 法を使用した報告が多かったのですが，現在では Bootstrap（ブートストラップ）法を用いた報告が主流です。それ

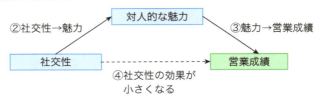

第10章 重回帰分析 155

ぞれの方法の詳細については，例えば，清水・荘島（2017）でわかりやすく説明されています。

分析方法
Step1 ● 回帰分析を使える状態で，「媒介分析」にチェックを入れます。

　左の「重回帰分析」の表示が媒介分析に変わります。

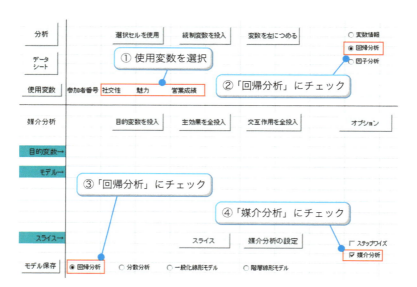

Step2 ● 目的変数，媒介変数，説明変数をそれぞれ設定します。

「モデル→」のすぐ横に媒介変数，その横に説明変数が来るように入力します。手打ちで入力しても「主効果を全投入」をクリックしても構いませんが，順序に注意してください。ここでは，「営業成績」が目的変数，「魅力」が媒介変数，「社交性」が説明変数になるように設定します。

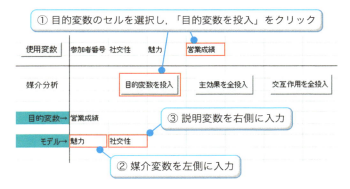

モデルを設定し終わったら，「分析実行」をクリックします。

結果の表示

結果は「Medi」シートに出力されます。

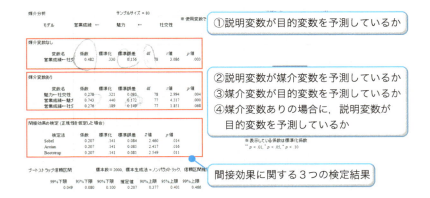

第10章 重回帰分析 157

媒介変数なし，ありそれぞれについて，上記に対応した回帰分析の結果が記載されていますので確認します。ポイントは 4 つです。まず，「媒介変数なし」のモデルで，①説明変数が目的変数を有意に予測しているか，を確認します。次に，「媒介変数あり」のモデルで，②説明変数から媒介変数への有意な影響があるか，③媒介変数から目的変数への有意な影響があるか，またこのときに④説明変数から目的変数への影響が減じられているか（非有意になっているか否か），を確認します。「媒介変数あり」のモデルで説明変数の効果が非有意になっている場合は **完全媒介**，効果が小さくなっていても有意である場合には **部分媒介** と呼ばれます。また，間接効果として 3 つの検定の結果が表示されますので，結果を見ておきましょう。間接効果も p 値が 5％未満の場合には有意，つまり間接効果が認められると報告します。

媒介分析は図を用いて結果を報告する場合が多く，HAD でも自動でモデルの図が描かれるようになっています。これを活用して結果を報告すると楽だと思います。

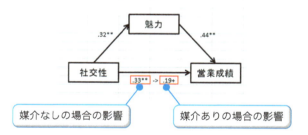

以下は間接効果の検定に Bootstrap 法を用いたときの結果の報告例です。

社交性が営業成績に及ぼす影響について，魅力が媒介するかどうかを確かめるために媒介分析を行った。まず，営業成績を目的変数に，社交性を説明変数にした回帰分析を行った。この結果，社交性は営業成績を有意に予測していた（$b = 0.48$, $SE = 0.16$, $t(78) = 3.09$, $p = .003$）。さらに魅力を説明変数に追加した結果，魅力は営業成績を有意に予測し（$b = 0.74$, $SE = 0.17$, $t(77) = 4.32$, $p < .001$），一方で社交性の効果は非有意になった（$b = 0.28$, $SE = 0.15$, $t(77) = 1.85$, $p = .068$）。間接効果の検定（Bootstrap 法，2000 回）の結果，95%信頼区間（[0.08, 0.40]）は0を含んでおらず，魅力の有意な媒介効果が認められた（図）。

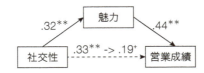

間接効果：$b = 0.21$, 95%CI [0.08, 0.40]
** $p < .01$, *$p < .05$, +$p < .10$

Bootstrap 法の場合は 95% 信頼区間（95% Confidence Interval; 95%CI）の下限と上限の値を報告します。

媒介分析は因果関係を確かめたいときによく使われますが，間接効果が有意だったからといってそのモデルだけが支持されるというわけではないことに注意してください。ほかにも媒介変数があるかもしれませんし，モデルそのものが間違っていて説明変数と媒介変数が逆である可能性もあります。あくまでもモデルは研究者が理論的な背景から恣意的に作成したものであり，ほかにもモデルがありうることを忘れないでください。

第
0
章

第
1
章

第
2
章

第
3
章

第
4
章

第
5
章

第
6
章

第
7
章

第
8
章

第
9
章

第
10
章

第
11
章

第
12
章

因子分析

POINT 複数の変数の相関関係から、その背後に存在する因子を明らかにするための分析です。

11.1 構成概念とその測定

　心理学の研究対象は心です。そして心の特徴の1つは、目には見えないということです。このため心理学者たちは心を測定するということに随分と気を使ってきました。回帰分析の章では、社交性や誠実さなど、特に何の説明もせず扱ってきましたが、少し深く考えてみるとこれらの目に見えない概念を観測しているというのはなかなか不思議なことです。このような、目には見えないけれども、研究者が「きっとある」と想定して測定している心に関する概念を構成概念と呼びます。この本には、パーソナルスペース、社交性や誠実さなど、すでにたくさんの構成概念が登場しています。

　それでは、心理学者は構成概念をどのように測定しているのでしょうか。先に答えを言ってしまうと、観測できる現象（つまりデータ）から推測しています。例えば、ある人の社交性が高いかどうかを判定したいと考えてみましょう。その人の行動を見ていたら、「初対面の人とも楽しそうにしゃべっていて」、「誘われた飲み会にはたいてい参加していて」、「友達がたくさんいる」ようです。おそらく多くの人が、その人は「社交性が高い」と判断するでしょう。逆に、「初対面の人と楽しそうにしゃべっていなくて」、「誘われた飲み会にはたいてい参加し

ていなくて」,「友達がたくさんいない」のであれば,きっとその人は「社交性が低い」と判定されるでしょう。これは,それらの行動には,多かれ少なかれ,社交性の高低が反映されていると私たちが考えているからです。このように,心理学では観測できる現象から見えない構成概念を推測します。

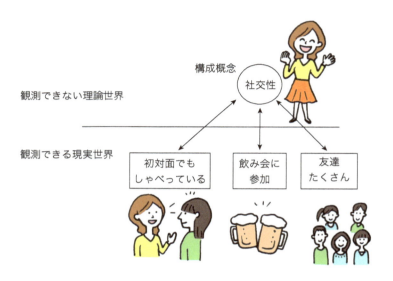

構成概念を測定するお手軽な方法として,いわゆる心理尺度と呼ばれるものがよく使われます。アンケートなどで見かけたことがあるかもしれません。通常,心理学の尺度は,関連し合う複数の項目から成り立っています。先ほどの例でいう,「初対面の人としゃべるのが楽しい」,「誘われた飲み会にはたいてい参加している」,「友達がたくさんいる」といった項目について,全部そろって「かなり当てはまる」と回答する人は社交性が高いと判断します。「初対面の人としゃべるのが楽しい」には「かなり当てはまる」でも,「飲み会に参加するのが好き」「友達がたくさんいる」は「かなり当てはまらない」と回答するような場合には,社交性はあまり高いと判断されません。ある一定の行

動だけが高い得点だったとしても，社交性全体としてはそんなに高くないと判断されます。

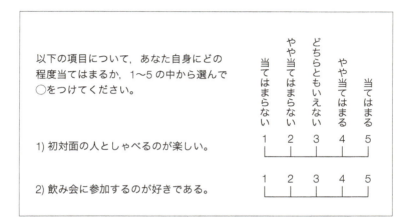

ただし通常，このような「ある項目だけ得点が低い」というようなことはありません。よくできている尺度では，ある1つの構成概念を測定している質問項目同士は相関関係にあります。具体的には，次の11.2節で説明します。

Tips 逆転項目

質問項目によっては，負の相関関係にあるものもあります。例えば「初対面の人としゃべるのが楽しい」という質問項目は，「はじめて行った場所では緊張する」のような質問項目とは負の相関関係にあると考えられます。このような項目は逆転項目と呼ばれます。

11.2 因子分析とは

　因子分析は，観測されるデータからその背後にある構成概念を探ろうとする分析です。ある項目群がある構成概念（例えば，社交性）を反映しているのであれば，その項目群についての1人分のデータは似た動きをするでしょう。例えば，「社交性の高い人」は，その項目群の得点が比較的高いでしょうし，逆に「社交性の低い人」は，その項目群の得点が比較的低いと考えられます。項目群内で各項目の得点が類似しているということは，項目同士に相関関係があるということです。このように，項目間の相関関係をもとに，たくさんある項目（変数）群から，その背後にある構成概念を推測しようとするのが因子分析です。因子とは，変数の中で似た動きをする部分，つまり共通して変化する部分のことを指します。この部分が，構成概念を反映していると捉えるわけです。

　ここまで「社交性」という1つの構成概念に着目して話を進めてきましたが，因子分析では，複数の因子を取り出すことも可能です。ある構成概念A（例えば，社交性）を反映している項目群と，別の構成概念B（例えば，誠実さ）を反映している変数群は，別々の動きをしていると考えられます。社交性の高い人の中には誠実さが高い人も低い人もいるでしょうから，誠実さを反映している項目は社交性の項目群とは相関しない，つまり得点が高かったり低かったりするでしょう。このように，変数間の相関関係をもとにして，複数の因子を取り出すことができるのです。

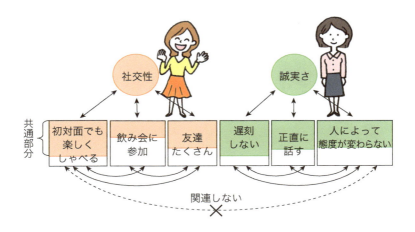

　因子分析には，目的に応じて**確認的因子分析**と**探索的因子分析**の2つがあります。すでにほかの研究などで因子数がわかっている場合には，あらかじめ因子数を設定して「データが（ほかの研究でわかっている）モデルに合っているか」確認することを主眼とした確認的因子分析を行います。一方，どんな因子があるかよくわかっていない場合には，「どのような概念で構成されているのか」を明らかにすることを目的とした探索的因子分析を行います。この場合には，因子数はよくわかっていないので，因子数を決定するための分析をまず行います。

11.3　HADで因子分析を行う

データの準備

　ここでは，12項目でできている猫の魅力尺度（架空の尺度です，念のため）を考えてみましょう。変数は12個です。

各列が各質問項目に当たる

変数名	参加者番号	v1	v2	v3	v4	v5	v6	v7	v8	v9	v10	v11	v12
	1	4	5	4	5	6	4	4	5	4	2	7	5
	2	3	5	3	4	3	6	6	4	4	3	6	4
	3	4	4	3	3	3	5	6	4	4	3	3	4
	4	3	5	4	4	5	4	5	5	7	6	5	3
	5	3	6	5	3	4	5	4	4	5	5	4	7
	6	3	4	1	2	4	4	4	2	6	4	3	4
	7	2	5	2	1	1	4	3	5	2	5	5	4
	8	6	5	7	7	4	5	5	6	5	6	7	7
	9	3	4	3	5	4	5	3	4	6	4	6	7
	10	4	7	3	4	7	4	7	5	7	6	5	5
	11	5	6	3	5	5	5	4	4	5	4	3	7
	12	2	1	3	4	3	6	3	6	4	2	3	3
	13	6	7	3	7	4	5	5	5	6	6	5	7
	14	5	4	4	5	3	5	4	5	4	2	2	3
	15	4	4	2	5	4	4	3	5	5	4	7	1
	16	4	6	2	5	4	5	4	5	5	4	6	6
	17	3	5	3	5	3	5	3	4	5	3	1	6
	18	5	5	4	5	4	5	4	3	7	5	1	2
	19	3	2	5	4	5	3	4	3	3	3	4	7
	20	4	6	4	5	3	5	3	5	3	4	7	3
	21	1	3	3	2	6	3	3	2	3	3	6	6
	22	1	6	3	4	4	3	4	4	6	4	5	1

左側のボタン：データ読み込み／モデリングシート／列幅の調整／数値計算／HAD2R

　なお，この猫の魅力尺度は，以下のような項目を含んでいるとします。

表11-1　猫の魅力尺度

変数名	項目
v1	猫はマイペースなところが魅力的だと思う
v2	猫は見かけがかわいいところが良い
v3	猫は人に媚びないところが魅力だ
v4	猫の魅力は自由なところだと思う
v5	猫の魅力は肉球だ
v6	猫は手がかからなくて良い
v7	猫の体躯のしなやかさが魅力だ
v8	猫の気まぐれさが人を引きつけると思う
v9	猫の目が大きいところが魅力的だと思う
v10	猫は毛並みがきれいなところが良いと思う
v11	猫の鳴き声が魅力的だと思う
v12	猫はすばしっこいところが良い

分析方法

Step1 ●「使用変数」を選択します。

　因子分析では使用変数が多くなりがちですので，漏れのないように注意してください。ここでは 12 項目を使います。

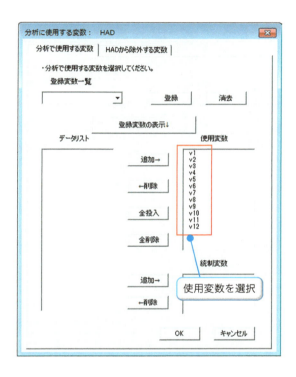

Step2 ● モデリングシートで「因子分析」を選択します。

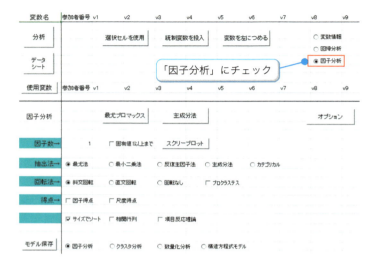

Step3 ● 因子数を決定するために,「スクリープロット」をクリックします。

「Scree」シートが開かれますので,確認します。これはまだ因子分

析の最終的な結果ではなく，因子数を決定する段階（いわば前準備の段階）ですので注意してください。

　因子数を決定する際にはいくつかの基準が存在しますが，最もよく使われるのは固有値をもとに判断する以下の2つのやり方です。**固有値**は因子ごとに表される，その因子の重要性の指標となる値です。分析に用いた変数の数だけ出力され（ここでは12項目で分析を行っているので12個），値が大きいほどその因子が重要であることを示します。

・**ガットマン基準**：固有値が1以上の部分で決定
・**スクリー基準**：固有値の推移がなだらかになる前で決定
そのほかにも，MAPや対角SMCなどの基準があります。

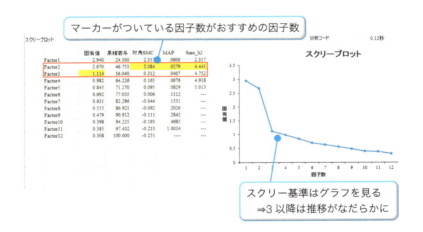

　HADでは黄色いマーカーがついているところが，各基準におけるおすすめの因子数になります。ガットマン基準を用いるなら，「固有値」の列において，黄色いマーカーが引かれている因子数を採用することになります。MAPや対角SMCを使う場合も同様に，該当する列の黄色いマーカーが引かれている因子数を採用します。

　スクリー基準を用いる場合は，**スクリープロット**というグラフを参

照します。この場合は，因子数 2 と 3 を境に傾きが大きく変化しているので，因子数を 2 として採用します。確認的因子分析の場合は，ここで得られる因子数が先行研究と一致しているかどうかを確認します。

Step4 ● **Step3 で決定した因子数を「因子数」の欄に入力し，「最尤プロマックス」をクリックします。**

　抽出法が「最尤法」，回転法が「斜交回転」になっていることを確認します。本当は，抽出法・回転法には様々なものがあるのですが，最も一般的なものが，最尤法とプロマックス法（斜交回転）の組み合わせなので，ここではこれを用います。

Step5 ●「サイズでソート」にチェックを入れます。

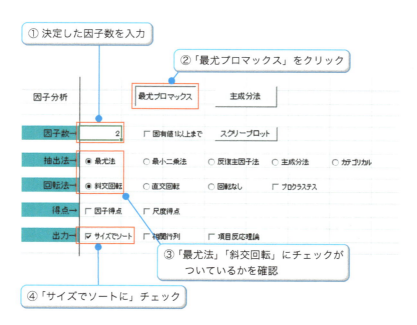

「分析実行」をクリックします。

結果の表示

それでは，結果を見てみましょう。

因子分析

| | | サンプル = | 300 | 変数 = | 12 | 因子 = | 2 |

抽出方法　＝最尤法
回転方法　＝プロマックス回転(Power = 4)
カイザーの基準化 ＝あり

因子パターン　　　　　　　反復回数 = 5
　　　　　　　　　　　　　収束基準 = 0

項目	Factor1	Factor2	共通性
v4	**.763**	.067	.582
v8	**.717**	.091	.516
v1	**.716**	-.027	.515
v3	**.626**	-.082	.404
v6	**.557**	-.026	.312
v11	**.025**	.001	.001
v2	.044	**.808**	.652
v9	-.005	**.684**	.468
v7	.039	**.647**	.418
v5	-.215	**.584**	.400
v10	.090	**.532**	.287
v12	-.029	**-.033**	.002
因子寄与	2.375	2.191	

適合度

乖離度 =	0.377	CFI =	.922
χ^2値 =	110.295	RMSEA =	.074
DF =	43	AIC =	158.617
p =	.000	BIC =	243.804

まず，因子パターンをチェックします。

第11章　因子分析　　171

| | | 因子パターン | | 反復回数 = 5 |
| | | | | 収束基準 = 0 |

項目	Factor1	Factor2	共通性
v4	.763	.067	.582
v8	.717	.091	.516
v1	.716	-.027	.515
v3	.626	-.082	.404
v6	.557	-.026	.312
v11	.025	.001	.001
v2	.044	.808	.652
v9	-.005	.684	.468
v7	.039	.647	.418
v5	-.215	.584	.400
v10	.090	.532	.287
v12	-.029	-.033	.002

第1因子の項目 ← v4, v8, v1, v3, v6, v11

第2因子の項目 ← v2, v9, v7, v5, v10, v12

太字が同じグループ

　因子数を2に設定して因子分析を行ったので，それぞれの項目について2つの因子への因子負荷量が表示されています。因子負荷量とは各項目と各因子の関連性の強さを示す指標です。多くの場合，−1から1の間の数値になります。太字になっているものが同じグループになります。上の例では，v4, v8, v1, v3, v6, v11の6項目が第1因子（Factor1），v2, v9, v7, v5, v10, v12の6項目が第2因子（Factor2）になります。

　結果を確認する際には，以下の2つの点に気をつけます。

（1）どの因子に対しても因子負荷量が低い項目がないか

　どの因子とも関連していない，仲間はずれの項目がある場合があります。このような項目の因子負荷量はすべての因子に対して低くなります。決まった基準はありませんが，.30か.35以下のどちらかの基準を使うことが多いようです。

172

（2）2つ以上の因子に対して因子負荷量が高い項目がないか

2つ以上の因子の影響が混ざっている項目がある場合もあります。専門用語でダブルローディングと言います。これも決まった基準はありませんが，2つの因子に対して負荷量が.40以上ある場合（例：.40と.50）は要注意です。

これら2つの注意点に引っかかった項目（基準に満たなかった項目）があれば，その項目を外し，因子数はそのままにして，もう一度因子分析を行います。ここでも引っかかる項目がまた新たに出てくるかもしれません。その場合は基準に満たない項目を外し，因子分析をさらに行います。このようにして，基準に満たない項目がなくなるまで因子分析を繰り返します。今回の場合は，v11とv12がどの因子に対しても因子負荷量が低くなっていますので，この2項目を外して再度因子分析を行うことで，最終的な因子パターンが得られます。

項目	Factor1	Factor2	共通性
v4	**.764**	.064	.584
v8	**.717**	.089	.517
v1	**.715**	-.031	.514
v3	**.625**	-.084	.403
v6	**.556**	-.028	.312
v2	.044	**.808**	.652
v9	-.005	**.683**	.467
v7	.038	**.647**	.418
v5	-.215	**.585**	.400
v10	.089	**.532**	.287

第1因子の項目：v4, v8, v1, v3, v6
第2因子の項目：v2, v9, v7, v5, v10

最終的な因子が決まったら，各因子に含まれる質問項目を確認し，それらに共通するような名前をつけます。例えば，「猫の魅力は自由なところだと思う」，「猫の気まぐれさが人を引きつけると思う」，「猫は人に媚びないところが魅力だ」などが第1因子に集まっていれば，「猫の自由さ」といった因子名をつけることができます。因子名は理論や仮

説などに基づいて自由に決めてよいものですが，あまり項目内容から離れるとほかの人に納得してもらうことが難しくなります。項目内容をうまく反映するように決めることが重要です。

　基準を満たす項目が少なくなりすぎたり，因子名がうまく決まらなかったりする場合には，因子数の決定からやり直したほうがよい場合もあります。確認的因子分析であっても因子数や因子構造が異なるほうがうまく解釈できる場合もあります。

　因子分析と呼ばれる分析は厳密にはここまでですが，たいてい因子分析を行うときは，因子に含まれる項目の平均値を算出し，ほかの変数との関係を見ます。この場合，因子が確定できたら，まずは因子ごとの信頼性について検討する必要があります。HAD では，因子分析を行うと同時に，因子ごとに信頼性の指標となる α 係数を算出してくれますので，この値を確かめます。α 係数とは，因子内に含まれる項目が一貫して同一のものを測定しているかどうかを示す指標で，0 から 1 の値をとります。好ましいのは .80 以上ですが，.60 以上であれば何とか受け入れてもらえるでしょう。今回の因子分析では，第 2 因子の信頼性はやや低いようです。

信頼性係数　※α係数とω係数は太字の項目から計算（負荷量が負のものは逆転）

	Factor1	Factor2
α係数	.807	.787
ω係数	.813	.796
因子得点	.822	.814

各因子の信頼性

逆転しない場合の信頼性係数

α係数	.807	.787
ω係数	.813	.796

　その後は因子ごとに平均値を出します。データシートで，Excel 関数を使って因子ごとに平均値を出すことも可能ですが，HAD には因子ごとに自動的に平均値を算出してくれる機能があります。因子が確定

したら,「尺度得点」にチェックを入れて, もう一度因子分析を行ってみましょう。「ScoreM」シートが開き, そこに因子ごとの尺度得点（平均値）が並んでいるのがわかると思います。

なお, 質問項目の中に逆転項目がある場合には, どのように処理するかを聞かれますので, 適切なものを選択してください。特にこだわりがなければ,「最大値＋1から値を引く」を選ぶのがよいと思います。

Tips　因子負荷量が1を超える場合

因子負荷量が1を超える場合には, オプションにあるプロマックス回転のPowerを3に変えると解決することがあります。

11.4　結果の報告

因子パターンと**因子間相関**を報告するとともに, どのような基準で

因子分析を行ったかを報告します。例えば，猫の魅力に関する尺度を
作ってみたとしましょう。

　猫の魅力尺度12項目について，探索的因子分析（最尤法，
プロマックス回転）を行った。因子数は，固有値の減衰パター
ン（2.940, 2.670, 1.114, …），および因子の解釈の可能性を
考慮して2因子とした。しかし2項目について因子負荷量が
.35未満であったため，これらの項目を除外し，再度，因子分
析を行った。回転後の最終的な因子パターンを表に示した。第
1因子は猫の自由さに関わる項目で負荷量が高く見られたため，
猫の自由さ因子と名づけた。第2因子は猫の外見に関わる項
目で負荷量が高く見られたため，猫の外見因子と名づけた。因
子間相関は-.045であった。

表11-2　因子分析の結果

項目	I	II
猫の魅力は自由なところだと思う	**.764**	.064
猫の気まぐれさが人を引きつけると思う	**.717**	.089
猫はマイペースなところが魅力的だと思う	**.715**	-.031
猫は人に媚びないところが魅力だ	**.625**	-.084
猫は手がかからなくて良い	**.556**	-.028
猫は見かけがかわいいところが良い	.044	**.808**
猫の目が大きいところが魅力的だと思う	-.005	**.683**
猫の体躯のしなやかさが魅力だ	.038	**.647**
猫の魅力は肉球だ	-.215	**.585**
猫は毛並みがきれいなところが良いと思う	.089	**.532**

記述するのは,

(1) **どの尺度の何項目について因子分析を行ったか**
(2) **因子抽出法(最尤法)と回転法(プロマックス回転)は何か**
　最尤法・プロマックス回転以外を使った人は注意してください。
(3) **どのように因子数を決めたか**
　固有値以外のパターンを用いた場合はまた異なる記述の仕方になります。
(4) **項目を除いた場合,その基準は何か**
　ほかに「複数の因子に高い負荷量(.40以上)を示した項目」などの基準もありえます。
(5) **因子名は何か**
(6) **因子間相関**
　今回は2因子だったので因子間相関は本文に記述していますが,3因子以上の場合は因子パターンの表の下に記載しておくと見やすくなります。

　回転方法で直交回転・回転なしを選んだ場合には,報告する必要はありません。

　因子分析自体が比較的自由度の高い分析なので,結果の記述も自由度が高いです。過不足なく情報を記述するようにしましょう。

ラベルのつけ方

　変数名がv1〜v12では,どの変数がどの質問項目なのかがわかりにくいので,ラベルをつけておくと便利です。

Step1 ● モデリングシートで「HADの設定」をクリックします。

新しくウィンドウが開きますので，「ラベルで結果を出力」にチェックを入れて「OK」をクリックします。

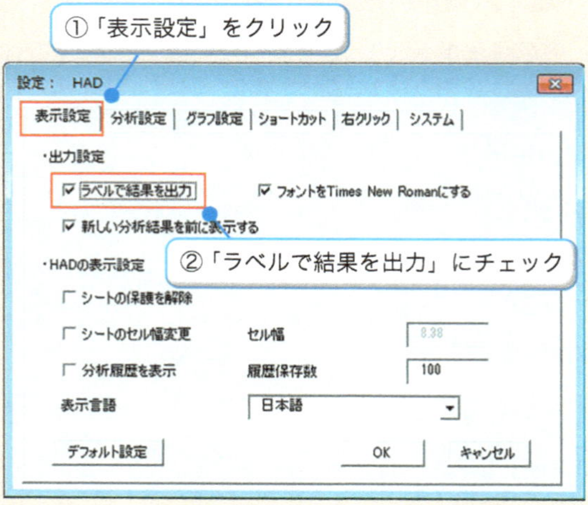

①「表示設定」をクリック

②「ラベルで結果を出力」にチェック

Step2 ● ラベルを設定します。

下にある「変数情報」のラベルを編集します。「ラベル」をクリックして編集することも可能ですが，変数名の行，ラベルの列に直接入力（コピー＆ペーストが可能）したほうが速いです。ラベルが編集できたことを確認してください。

Step3 ●「分析実行」をクリックします。

項目名が表示されるので，どの項目が，どの因子に分類されたのかがひと目でわかります。

	項目	Factor1	Factor2	共通性
v4	猫の魅力は自由なところだと思う	**.764**	.064	.584
v8	猫の気まぐれさが人を引きつけると思う	**.717**	.089	.517
v1	猫はマイペースなところが魅力的だと思う	**.715**	-.031	.514
v3	猫は人に媚びないところが魅力だ	**.625**	-.084	.403
v6	猫は手がかからなくて良い	**.556**	-.028	.312
v2	猫は見かけがかわいいところが良い	.044	**.808**	.652
v9	猫の目が大きいところが魅力的だと思う	-.005	**.683**	.467
v7	猫の体躯のしなやかさが魅力だ	.038	**.647**	.418
v5	猫の魅力は肉球だ	-.215	**.585**	.400
v10	猫は毛並みがきれいなところが良いと思う	.089	**.532**	.287

因子パターン 反復回数 = 7 収束基準 = 0

第11章 因子分析 179

第0章
第1章
第2章
第3章
第4章
第5章
第6章
第7章
第8章
第9章
第10章
第11章
第12章

カイ2乗検定

POINT χ^2値をもとに，質的変数の度数の違いについて検討するための分析です。

12.1 カイ2乗検定とは

　第5章から第11章で扱ってきた分析は，量的変数を主な分析対象としたものでした。これに対し，最後のこの章で扱うカイ2乗検定とは，質的変数の1つである名義尺度を分析することができる方法です。名義尺度では平均という代表値を用いることができませんので，t検定や分散分析といった平均値の差の検定を行うことはできません。また，数値の大小自体に意味がないため，相関や回帰分析といった変数間の量的な関連について検定も行うことはできません。では，名義尺度のデータでは何を分析するのでしょうか。

　ちょっと昔のことになりますが，第3章を思い出してください。記述統計では，度数分布表やヒストグラムを作成してデータの様相を確認する必要があることを説明しました。この各カテゴリの度数こそが，名義尺度の変数において最も重要なデータです。例えば，同級生100人の血液型について調査を行ったとしましょう。この調査で得られる重要な結果がそれぞれの血液型の人の人数になるのは明らかでしょう。この度数が名義尺度の分析対象であり，度数についての統計的検定の方法がカイ2乗検定です。

　さて，先ほどの同級生100人の血液型についての調査の話に戻りま

しょう。調査の結果，A型45人，B型25人，AB型20人，O型10人であることがわかりました。どうもA型の人が多く，O型の人は少ないといった人数の偏りがあるようです。しかし本当に偏っていると言えるのでしょうか。たまたま調査をしたそのサンプルにA型の人が多かっただけかもしれません。カイ2乗検定は，この人数の偏りが統計的に有意なものかどうかを判断する方法です。

　カイ2乗検定における帰無仮説は，「実際の度数（**観測度数**）と，仮説上の度数（**期待度数**）との間に差がない」です。カイ2乗検定では，カイ2乗値（χ^2値）という検定統計量からp値を算出し，有意かどうかの検定を行います。例えば，同級生100人の血液型の人数に偏りがないという仮説の場合には，全血液型の期待度数が25人ずつになります。この期待度数と，各血液型の実際の度数のずれが大きいほどカイ2乗値は大きくなり，有意に偏っていると判断します。

12.2　2種類のカイ2乗検定

　カイ2乗検定には，適合度の検定と独立性の検定という2種類の検定があります。適合度の検定は，量的変数でいう1要因分散分析で，独立性の検定は2要因分散分析に当たります。

（1）適合度の検定

　同級生100人の血液型に関する調査について考えてみましょう。ここでの主要な要因は，血液型（A型，B型，AB型，O型）のみでした。このように1要因のみに着目する場合には，適合度の検定を行います。この調査結果を表にまとめると，次のようになります。

表12-1　各血液型の度数

A型	B型	AB型	O型
45	25	20	10

　このように1行にまとめられるデータに対しては，適合度の検定を行うと覚えてもらっても構いません。

（2）独立性の検定

　例えば，血液型だけでなく，性別についても質問したとしましょう。この場合，血液型の偏りや性別の偏りについて別々に分析を行うこともできますが，血液型と性別を組み合わせて分析を行うこともできます。この場合，データは次のようにまとめられます。

表12-2　性別ごとの各血液型の度数

	A型	B型	AB型	O型
男性	10	20	15	5
女性	35	5	5	5

　適合度の検定のデータと異なり，縦と横それぞれに変数名が配置されています。このように，2つの変数を組み合わせて，それぞれの度数を示した表のことをクロス表と言います。

　クロス表としてまとめられるデータに対しては，2要因分散分析で出てきた「交互作用」を検討することができます。例えば，この表の場合，男性はB型とAB型が多いという偏り方をしていますが，女性はA型が多いという異なる偏り方をしています。独立性の検定では，片方の要因の度数の偏り方（血液型ごとの人数）が，もう片方の要因（男性か女性か）によって異なるかどうかを検定できます。ここでの帰無仮説は「もう片方の要因によってある要因の度数は変わらない」にな

第12章　カイ2乗検定　183

ります。詳細は省きますが，期待度数はこの帰無仮説に沿って計算され，観測度数がどの程度そこから離れているのかを検定することになります。

　さて，この「交互作用」の検定が，なぜ独立性の検定と呼ばれるのか不思議に思った人もいるかもしれません。性別によって血液型ごとの人数が異なるということは，血液型と性別との間に関連があると言い換えることができます。「女性ならばA型が多い」，「男性ならばB型とAB型が多い」といった形です。つまり，独立性の検定とは，度数について変数間に関連があるかどうかの検定であるとも言えます。

12.3　HADでカイ2乗検定を行う①：適合度の検定

データの準備

　同一参加者のデータを1行に配置します。適合度の検定の場合，データは1列のみです。

適合度の検定では，データは1列

▲	A	B	C
1	変数名	参加者番号	血液型
2		1	B型
3	データ読み込み	2	AB型
4		3	B型
5		4	A型
6	モデリングシート	5	AB型
7		6	B型
8		7	O型
9		8	AB型
10		9	O型
11		10	B型
12	列幅の調整	11	AB型
13		12	A型
14		13	B型
15		14	O型
16	数値計算	15	A型
17		16	AB型
18		17	AB型
19		18	A型
20		19	A型
21		20	AB型
22	HAD2R	21	AB型

分析方法

Step1 ● 「使用変数」で使用する変数を指定し，OK をクリックします。

　ここでは「血液型」を選択します。

Step2 ● 左上にある「分析」をクリックし，出てきたダイアログボックスの「クロス表」にチェックを入れ，OK をクリックします。

第12章　カイ2乗検定　　185

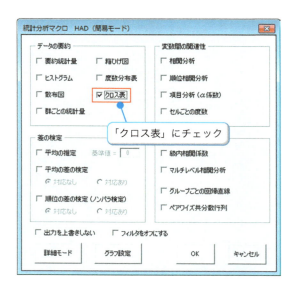

結果の表示

「Unif」シートに結果が表示されます。

　結果の表は，第3章で説明した度数分布表と同じものです。適合度の検定の結果は，表の右側に記載されている「$\chi2$ 乗値」「自由度」「p 値」の3つです。カイ2乗検定における自由度は，データ数ではなく，カテゴリ数によって変化します。適合度の検定における自由度は，「カテゴリ数 −1」です。この場合，p 値が .05 よりも低い値ですので，各血

液型の人数は有意に偏っていると判断することができます。

12.4 HADでカイ2乗検定を行う②：独立性の検定

変数が増えるだけで，やり方は適合度の検定と同じです。

データの準備

同一参加者のデータを1行に配置します。独立性の検定の場合，データは2列になります。

独立性の検定では，データは2列

	A	B	C	D
1	変数名	参加者番号	性別	血液型
2		1	男	B型
3	データ読み込み	2	男	AB型
4		3	女	B型
5		4	女	A型
6	モデリングシート	5	男	AB型
7		6	男	B型
8		7	女	O型
9		8	男	AB型
10		9	男	O型
11		10	男	B型
12	列幅の調整	11	男	AB型
13		12	女	A型
14		13	女	B型
15	数値計算	14	男	O型
16		15	女	A型
17		16	男	AB型
18		17	男	AB型
19		18	女	A型
20		19	女	A型
21		20	女	AB型
	HAD2R	21		AB型

分析方法

Step1 ● 「使用変数」で使用する変数を指定し，OKをクリックし

ます。

　ここでは，「性別」「血液型」を選択します。

Step2 ● **左上にある「分析」をクリックし，出てきたダイアログボックスの「クロス表」にチェックを入れ，OK をクリックします。**

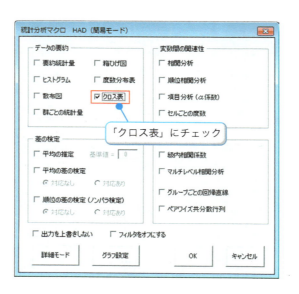

結果の表示

　「Cross」シートに結果が表示されます。独立性の検定の結果は，「連関係数と独立性の検定」内の，「χ^2」「df」「p」の3つです。独立性の検定における自由度は，「(一方の要因のカテゴリ数 −1) × (他方の要因のカテゴリ数 −1)」です。この場合，p 値が .05 よりも低い値ですので，性別と血液型の間に有意な関連があると判断することができます。

クロス集計表

変数		血液型（血液型）				
	出現値	B型	AB型	A型	O型	合計
性別（性別）	男	20	15	10	5	50
	女	5	5	35	5	50
	合計	25	20	45	10	100

連関係数と独立性の検定

クラメールの連関係数

	推定値	95%下限	95%上限
クラメール V =	.528	.353	.729
$\chi^2 =$	27.889		
df =	3		
p =	.000		

カイ2乗検定の統計値

　「Cross」シートを下にスクロールしていくと，残差分析の結果が表示されます。**残差分析**とは，どのセルの度数が有意に多い，または少ないのかを明らかにするための分析です。分散分析でいう単純主効果の検定に当たります。

残差分析

クロス表（△は有意に多い、▼は有意に少ない）

変数		血液型（血液型）			
	出現値	B型	AB型	A型	O型
性別（性別）	男	△ 20	△ 15	▼ 10	5
	女	▼ 5	▼ 5	△ 35	5

残差分析の結果

調整された標準化残差

変数		血液型（血液型）			
	出現値	B型	AB型	A型	O型
性別（性別）	男	3.464	2.500	-5.025	0.000
	女	-3.464	-2.500	5.025	0.000

p値

変数		血液型（血液型）			
	出現値	B型	AB型	A型	O型
性別（性別）	男	.001	.012	.000	1.000
	女	.001	.012	.000	1.000

この表からは，男性は B 型と AB 型が有意に多く，女性は有意に A 型が多いことが見てとれます。

> **Tips** 名義尺度の関係性の強さ
>
> 　第 8 章では，量的変数間の関係性の強さを示す指標として相関係数を紹介しました。独立性の検定では変数間に関連があるかないかはわかりますが，どの程度関係性が強いのかはわかりません。名義尺度である 2 変数間の関係性の強さを示す指標が**連関係数**です。「連関係数と独立性の検定」内の，「クラメール V」が，連関係数の結果です。

12.5 結果の報告

12.4 節で行った独立性の検定の結果を報告する際には，以下のように書きます。

> 　性別と血液型の間に関連があるかを検討するためにカイ 2 乗検定を行ったところ，両者の間に有意な関連が見られた（$\chi^2(3, N = 100) = 27.89, p < .001$）。残差分析の結果，女性は A 型（$p < .001$）の人数が，男性は B 型（$p < .001$）と AB 型（$p = .012$）の人数が有意に多かった。

カイ 2 乗検定では，（1）自由度，（2）総データ数，（3）χ^2 値，（4）p 値の 4 つの数値が重要です。この 4 つの結果を，「χ^2（自由度, $N =$ 総データ数）$= \chi^2$ 値, $p = p$ 値」という形式で報告します。

終わりに
もっと分析したい人のために

　「はじめに」でも述べたように，この本は「あまり統計には自信がないけれども，今手元にデータがあって，とりあえず何とかして分析をしなくちゃいけない」人向けに書かれた応急処置の本です。ここまで，記述統計（第３章），t検定（第５章），分散分析（第６，７章），相関（第８章），回帰分析（第９，10章），因子分析（第11章），カイ２乗検定（第12章）という，心理学でよく使われる初歩的な分析について説明してきました。皆さんの手元にあるデータは無事に分析できたでしょうか。

　統計分析で何よりも重要なことは，皆さん自身の持っている理論や仮説です。理論や仮説がなければ，データの分析方法は決まりません。洗濯機のようにデータを統計ソフトに放り込んで終わり，というわけにはいきません。もちろん，探索的にとにかく関連しそうな変数を放り込んで分析を行っていくこともあるかもしれません。けれども，ただやみくもに分析を行っても，非効率的であるばかりか，不適切な分析だったり解釈できない結論が導かれたりすることもあります。分析をはじめる前に，何をどう説明したいのか，皆さん自身の中でまずは研究の目的を意識することが重要です。

　また，統計分析でわかるのは，データがどのような様子なのかということだけです。その結果が何を意味しているのか，どのように解釈すればよいのかは研究者に委ねられています。皆さんの仮説通りの結果が出たとしても，実はほかの解釈方法もありうるかもしれません。たとえ仮説通りの結果が出なかったとしても，その結果は皆さんの研究に対して重要なヒントを与えてくれるでしょう。

　統計分析はデータの声を聞くためのツールです。皆さん自身の仮説

や理論を大事にしながら，その主張がデータとどの程度合っているのか，合っていなければそれはなぜなのか，データと会話するために統計分析を使ってください。

この本で紹介した統計分析は，ほんの入り口に過ぎません。より高度な統計分析はたくさんありますし，心理統計は日進月歩で発展しています。HADにもこの本では紹介しきれなかった機能が多く搭載されています（HADでできることは，開発者の清水先生がリストにされています；https://norimune.net/640）。最後に，この本では触れなかったけれども皆さんが使うかもしれない，より高度な分析について3つだけ簡単に紹介します。皆さんがもっと自由に分析したくなったときのヒントになれば幸いです。

（1）一般化線形モデル（ロジスティック回帰分析など）

例えば，複数の変数で，2値の変数を説明したいとしましょう。国語や数学など複数の能力を用いて試験の合否を予測したいような場合です。試験の合否は，合格（1）か不合格（0）かの2値の変数です。この場合には，この本で紹介した重回帰分析ではなく，ロジスティック回帰分析と呼ばれる分析を使います。重回帰分析は，本来，目的変数が連続的な数値で，正規分布をしている場合にのみに使えるものだからです。重回帰分析とロジスティック回帰分析は名前が違うので異なる分析のように見えますが，基本的な点は同じです。2値以外でも目的変数の性質に応じて，重回帰分析は様々な分析モデルに変身することができます。これらを総称して一般化線形モデルと呼びます。HADでは，「一般化線形モデル」を選択することによって様々な分析を行うことが可能です。

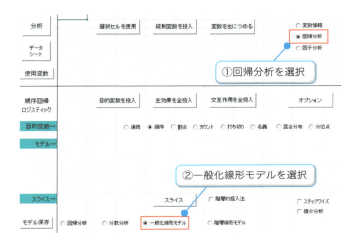

　一般化線形モデルについては，清水先生のホームページに詳しい解説と HAD での実行方法 https://norimune.net/1597 が掲載されています。そのほかにも，様々な資料が出ています。

（2）階層線形モデル

　例えば，集団で課題を遂行したときの個人の満足度に影響を与える要因を調べたいとしましょう。この場合，個人レベルで説明できるもの（例えば発言量の多さ，課題遂行への貢献度の高さなど）の影響とともに，集団ごとに異なる変数（集団レベル）で説明できるもの（例えば課題成績，集団全体の発言量の多さなど）の影響を考えることができます。このような階層性を持ったデータを適切に分析するためには，階層線形モデル（マルチレベル分析）と呼ばれる分析が用いられます。HAD の特徴の 1 つは，簡単に階層線形モデルを作成し，分析することができるという点です。

集団番号	満足度	課題成績
1	2	2
1	1	2
1	2	2
2	4	3
2	5	3
2	3	3
…	…	…

集団1

集団2

　上記の例は，線形階層モデルについて詳しく解説を行っている清水（2014）の例を使用しています。清水（2014）には，なぜ階層線形モデルを用いる必要があるのか，またどのように HAD で階層線形モデル分析を実施すればよいのか，詳しく，そしてわかりやすく解説されています（文献情報はブックガイドをご覧ください）。

（3）共分散構造分析（SEM）

　皆さんが心理学の論文を読んでいく中で，四角と矢印で書かれた図を見たことはないでしょうか。共分散構造分析は，変数間の関係からモデル全体の確からしさを検討する分析方法です。重回帰分析のもっと複雑なバージョンと捉えてもらうと理解しやすいかもしれません。HAD では，お手軽に共分散構造分析も行うことができます。

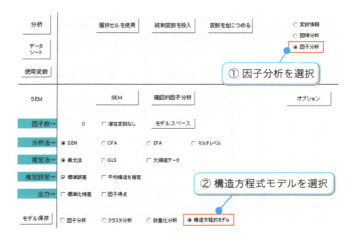

　分析方法は https://norimune.net/1618 をご覧ください。共分散構造分析を行うときには，HAD ソルバーオンバージョンが必要ですので注意してください。

付録：フィルタの使い方

　分析に慣れてくると，「この条件に当てはまるデータのみを選んで使いたい」「この条件に当てはまるデータを除外して分析したい」と思うことが出てくると思います。HADでは，フィルタ機能を使用すると，このような分析が可能です。

Step1 ● **モデリングシートにある，変数情報の「フィルタ」をクリックします。**

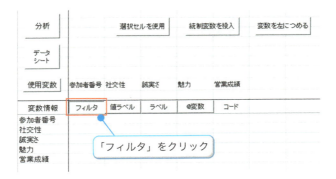

Step2 ● 下矢印をクリックし，データの制限をかけたい変数を選択します。

ここでは，「参加者番号」を選択してみます。

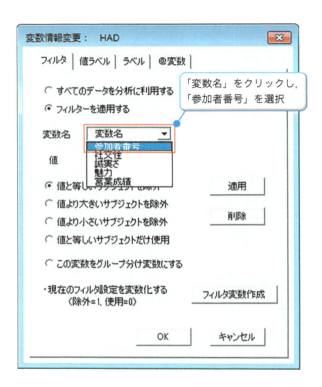

Step3 ● 分析から除外したい，あるいは分析に使用したい条件を設定します。

例えば参加者番号が 10 より大きい参加者のデータを分析から除外したい場合には，値に 10 を入力し，「値より大きいサブジェクトを除外」にチェックを入れます。「適用」をクリックし，「OK」をクリックします。

Step4 ● 指定した変数の横に，分析から除外（適用）する条件が入力されていることを確認します。

この場合には，「>10」と入力されているはずです。

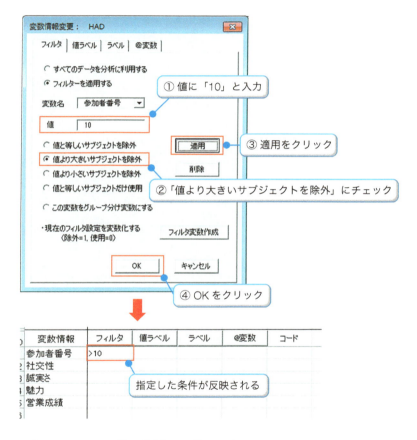

後はいつもと同様に分析するだけです。

ブックガイド

　ここでは，皆さんが統計を学ぶ上で手助けとなる本について紹介します。この本の対象となっている統計を学びはじめた人向けに，なるべく読みやすいもの，わかりやすいものを選んでみました。ここで紹介する以外にもいろいろな本が出ていますので，皆さんのお気に入りの1冊を探してみてください。

心理統計の基礎

吉田寿夫（1998），『本当にわかりやすいすごく大切なことが書いてあるごく初歩の統計の本』，太洋社

　とてもわかりやすく心理統計について説明している教科書です。本書を執筆する際にも参考にしました。はじめて心理統計を勉強する人におすすめです。

森敏昭・吉田寿夫編著（1990），『心理学のためのデータ解析テクニカルブック』，北大路書房

　心理統計で最も有名な本の1つです。少し古いのですが，心理統計の理論的側面について丁寧に説明されています。

南風原朝和（2002），『心理統計学の基礎』，有斐閣（有斐閣アルマ）

南風原朝和（2014），『続・心理統計学の基礎』，有斐閣（有斐閣アルマ）

　いずれも平易な言葉で書かれており，心理統計の全体を俯瞰することができます。「続・心理統計学の基礎」については，最近の心理統計のトレンドも押さえて紹介されています。

山田剛史・村井潤一郎（2004），『よくわかる心理統計』，ミネルヴァ書房

　心理統計全般について平易に説明されている本です。中でも，分

散分析やカイ 2 乗検定についてはその計算方法がわかりやすく記述してありますので，各分析の仕組みを理解したい人におすすめです。

重回帰分析・媒介分析・因子分析

清水裕士・荘島宏二郎（2017），『社会心理学のための統計学』，誠信書房

　HAD の開発者である清水先生が著者となっている本です。自尊心や集団など社会心理学でよく扱われる研究テーマを例に，重回帰分析や因子分析，媒介分析などがわかりやすく丁寧に説明されています。この本では説明を飛ばした事柄（因子分析の因子抽出法や回転法，媒介分析のブートストラップ法など）についても詳しい説明がありますので，因子分析や媒介分析などを使うときには参考にしてみてください。

L. G. グリム・P. R. ヤーノルド編著，小杉考司監訳（2016），『研究論文を読み解くための多変量解析入門（基礎編，応用編）』，北大路書房

　網羅的に多変量解析が説明されている本です。本書で紹介した分析はもちろん，より高度な分析も，とても読みやすく，そしてわかりやすく丁寧に説明されています。応用編では共分散構造分析についても解説されています。特に調査研究を行うことが多いという人には，ぜひ読んでいただきたい本です。

より高度な分析をしたい人向けに

清水裕士（2014），『個人と集団のマルチレベル分析』，ナカニシヤ出版

　階層性のあるデータに対して行う，マルチレベル分析についてとてもわかりやすく解説されています。マルチレベル分析を HAD で行う方法についても説明されています。

大久保街亜・岡田謙介（2012），『伝えるための心理統計　効果量・信頼区間・検定力』，勁草書房

　近年，論文における結果の報告の際に求められるようになっている効果量や信頼区間について説明されている本です。効果量や信頼区間の報告が必要な理由から，その算出方法まで詳しく説明されています。

索引

一般索引
（HADの操作に関する用語索引はp.208）

欧文・数字・記号

b	132, 142
Bootstrap法	155
df	56
df1	74, 80
df2	74, 80
F値	66, 74, 80
Holm法	68, 74
M	27, 62
M_e	27
M_O	28
$n.s.$	75
Pearsonの積率相関係数	111
p値	43, 46, 56, 62, 74, 80
r	111
R^2	131, 140, 142
SD	62
SEM	194
Sobel法	155
Studentのt検定	61
t検定	49
t値	49, 56, 62
VIF	137
Welchのt検定	61
95％信頼区間	47
α係数	174
β	142
ΔR^2	148
χ^2	188
χ^2値	182, 190

あ行

α係数	174
1要因分散分析	65
一般化線形モデル	192
因子	164
因子間相関	175, 177
因子抽出法	177
因子パターン	171
因子負荷量	172
因子分析	164
Welchのt検定	61
F値	66, 74, 80

か行

χ^2	188
カイ2乗検定	181
χ^2値	182, 190
カイ2乗値	182
回帰係数	124, 132
回帰式	124, 129
階層線形モデル	193
階層的投入法	144
回転法	177
確認的因子分析	165
ガットマン基準	169
間隔尺度	16
間接効果	155, 158
完全媒介	158
観測度数	182

疑似相関 116

記述統計 13

期待度数 182

帰無仮説 42

逆転項目 163, 175

95％信頼区間 47

共分散構造分析 194

クロス表 183

決定係数 131

検定統計量 43

効果量 47

交互作用 86, 143

交互作用効果 151

構成概念 161

固有値 169

さ行

最頻値 28

最尤法 170, 177

参加者間要因 68

参加者内要因 68

残差 124

残差分析 189

散布図 109

散布度 29

サンプル 40

質的変数 16, 181

四分位偏差 31

尺度水準 16

尺度得点 175

斜交回転 170

重回帰分析 133

重決定係数 140, 142

従属変数 46

自由度 46, 50, 51, 62, 80

主効果 67, 84

順序尺度 16

心理尺度 17, 162

推測統計 13, 39

スクリー基準 169

スクリープロット 169

Studentのt検定 61

正規分布 25

正の相関 112

説明変数 124

SEM 194

全数調査 41

尖度 25

相関関係 110

相関係数 111, 119

た行

第1種の誤り 81

第2種の誤り 82

対応のあるt検定 52

対応のないt検定 53

代表値 27

対立仮説 42

多重共線性 137

多重比較 68

ダミー変数 153

単回帰分析 123

探索的因子分析 165

単純傾斜の検定 151

単純主効果 87

中央値 27

中心化して投入 144

調整 p 値 74

直接効果 155

t 検定 49

t 値 49, 56, 62

適合度の検定 182

統計的検定 41

統制変数 136

独立性の検定 183

独立変数 46

度数 24, 181

度数分布表 19

な行

2要因分散分析 83

は行

媒介分析 154

外れ値 29, 115

Pearsonの積率相関係数 111

p 値 43, 46, 56, 62, 74, 80

ヒストグラム 19

標準化偏回帰係数 142

標準誤差 63

標準偏差 11, 30

標本 40

比率尺度 16

Bootstrap法 155

ブートストラップ法 155

負の相関 112

部分媒介 158

不偏分散 31

プロマックス回転 177

プロマックス法 170

分散 30

分散分析 65

平均値 11, 27

β 142

偏回帰係数 134, 142

変数 15

偏相関 117

母集団 40

Holm法 68, 74

ま行

マルチレベル分析 193

無相関検定 113, 119

名義尺度 16, 181

目的変数 124

や行

有意差 44

有意水準 44

要因 66

要因計画 108

ら・わ行

量的変数 16

連関係数 190

ロジスティック回帰分析 192

歪度 25

HADの操作に関する用語索引

（一般索引はp.205）

欧文・記号

「Anova」シート 73, 78, 94

「Boxplot」シート........................... 38

「Corr_test」シート 119

「Cross」シート............................ 188

「Freq」シート 23

「HRA」シート 148

「Medi」シート 157

「Reg」シート.......................131, 140

「Scatter」シート 119, 128

「ScoreM」シート........................ 175

「Scree」シート............................ 168

「Slice」シート 94, 148

「Summary」シート....................... 36

「Ttest」シート 60

「TtestW」シート 56

「t検定」...................................61, 80

「Unif」シート 186

「Welch検定」................................ 61

「$\chi 2$乗値」.................................. 186

「$」..........................72, 78, 92, 101

あ行

一般化線形モデル........................192

「因子分析」................................. 168

か行

「$\chi 2$乗値」.................................. 186

「回帰分析」.......................................
.......71, 77, 91, 101, 129, 138, 145

「階層的投入法」........................... 145

「クロス表」............................185, 188

「交互作用を全投入」..............93, 146

さ行

「サイズでソート」........................ 170

「最尤プロマックス」....................... 170

「差の検定」.........................56, 60

「散布図」............................118, 127

「尺度得点」............................... 175

従属変数.. 58

「主効果を全投入」...............................
.......72, 78, 92, 130, 139, 145, 157

「使用変数」.........................22, 54

「水準ごとの平均値」.................56, 60

「スクリープロット」....................... 168

「スライス」............................94, 147

「相関分析」................................. 118

ソルバーオン................................ 195

た行

「多重比較」................................... 73

データシート............................5, 21

「データ読み込み」.......................... 21

独立変数... 58

「度数分布表」................................ 23

は行

「媒介分析」................................. 156
「箱ひげ図」................................... 37
「反復測定→」.............................. 102
「フィルタ」................................. 197
「分散分析」.............. 71, 77, 91, 101
「分析」.. 22
「平均値の差の検定」................55, 60

ま行

「目的変数を投入」...............................
............71, 91, 101, 130, 138, 145
モデリングシート............................ 21
「モデル→」................................... 72

や行

「要因の効果（タイプⅢ＆平方和）」........
....73, 95
「要因の単純効果（タイプⅢ平方和）」97
「要約統計量」............................... 36

ら行

「ラベルで結果を出力」.................. 178
「連関係数と独立性の検定」.......... 188

著者紹介

小宮 あすか　博士（教育学）
　2006 年　京都大学教育学部教育科学科 卒業
　2011 年　京都大学大学院教育学研究科教育科学専攻博士後期課程
　　　　　修了
　現　在　広島大学大学院人間社会科学研究科 准教授

布井 雅人　博士（教育学）
　2007 年　京都大学教育学部教育科学科 卒業
　2014 年　京都大学大学院教育学研究科教育科学専攻博士後期課程
　　　　　単位取得退学
　現　在　椙山女学園大学人間関係学部心理学科 准教授

NDC140　　　217p　　　21cm

Excel で今すぐはじめる心理統計
簡単ツール HAD で基本を身につける

　2018 年　1 月 25 日　第 1 刷発行
　2023 年　8 月 3 日　第 14 刷発行

著　者　小宮あすか・布井雅人
発行者　髙橋明男
発行所　株式会社 講談社
　　　　〒 112-8001　東京都文京区音羽 2-12-21
　　　　　販　売　(03) 5395-4415
　　　　　業　務　(03) 5395-3615

KODANSHA

編　集　株式会社 講談社サイエンティフィク
　　　　代表　堀越俊一
　　　　〒 162-0825　東京都新宿区神楽坂 2-14　ノービィビル
　　　　　編　集　(03) 3235-3701

本文データ制作　株式会社 エヌ・オフィス
印刷・製本　株式会社 ＫＰＳプロダクツ

落丁本・乱丁本は，購入書店名を明記のうえ，講談社業務宛にお送りください．送料小社負担にてお取替えいたします．なお，この本の内容についてのお問い合わせは，講談社サイエンティフィク宛にお願いいたします．定価はカバーに表示してあります．

© Asuka Komiya and Masato Nunoi, 2018

本書のコピー，スキャン，デジタル化等の無断複製は著作権法上での例外を除き禁じられています．本書を代行業者等の第三者に依頼してスキャンやデジタル化することはたとえ個人や家庭内の利用でも著作権法違反です．

JCOPY 〈(社)出版者著作権管理機構 委託出版物〉

複写される場合は，その都度事前に(社)出版者著作権管理機構（電話 03-5244-5088，FAX 03-5244-5089，e-mail: info@jcopy.or.jp）の許諾を得てください．

Printed in Japan

ISBN 978-4-06-154812-1

講談社の自然科学書

公認心理師・臨床心理士 大学院対策シリーズ

河合塾 KALS 監修

公認心理師・臨床心理士の大学院を目指す人のための院試大攻略シリーズ全5冊！ やさしく語りかける説明と豊富なイラストで、どんな教科書よりもよくわかる。過去問・演習問題も充実。DSM-5に完全対応。

鉄則10&キーワード100 心理学編	宮川 純・著 A5・271 頁・定価 2,750 円 ISBN 978-4-06-512381-2	試験最頻出の用語を河合塾 KALS データベースから100個厳選！
鉄則10&キーワード100 心理英語編	木澤 利英子・著 A5・237 頁・定価 2,750 円 ISBN 978-4-06-512450-5	《心理学編》と対応したキーワード100個で最短合格！
鉄則10&キーワード25 心理統計編	宮川 純・著 A5・191 頁・定価 2,640 円 ISBN 978-4-06-512382-9	心理統計のエッセンスがたったの25キーワードでわかる！
鉄則10&過去問30 院試実戦編	坂井 剛・著 A5・191 頁・定価 2,640 円 ISBN 978-4-06-512393-5	最頻出の臨床論述問題を30選!! 合格答案作成のコツを伝授！
鉄則10&サンプル18 研究計画書編	渋谷 寛子 / 宮川 純・著 A5・207 頁・定価 2,640 円 ISBN 978-4-06-512383-6	実際の計画書サンプルを見ながら、良い書き方のコツを学べる。

心理学統計入門 わかって使える検定法

板口 典弘 / 森 数馬・著

A5・271 頁・定価 2,640 円
ISBN 978-4-06-154810-7

「心理学って数学使うの？」と驚いた筋金入りの文系学生のために。なぜ統計なのか、どんなときにどの手法を使うのか、納得しながら身につけられる。学生の気持ちをよく知る著者による、親切な入門書。

心理学のためのサンプルサイズ設計入門

村井 潤一郎 / 橋本 貴充・編著

A5・174 頁・定価 2,970 円
ISBN 978-4-06-156567-8

数式での記述を最低限におさえ、事例の解説から、サンプルサイズ決定のしくみが理解できるようにした。データをとりはじめる前に目を通しておきたい1冊。卒論から学術論文まで、すべての研究に通じる基本が身につく。

Rでらくらく心理統計 RStudio 徹底活用

小杉 考司・著

A5・203 頁
定価 2,970 円
ISBN 978-4-06-514487-9

RStudioで心理統計が楽しくなる!! 統計ソフトRは意外と簡単？「心理統計」の講義に出てくる題材を自分のPCで実行してみよう。R、RStudioのダウンロード、インストールから実験計画の立て方、集計結果の見せ方まで収録。心理学に使うための要領がわかる。

※表示価格には消費税（10%）が加算されています。

「2023年7月現在」

講談社サイエンティフィク　https://www.kspub.co.jp/